地元の建築家と工務店で建てる 1000万円得する家づくり

高木一滋

ワニ・プラス

まえがき

私は静岡県で50年以上続く建築設計事務所を経営している高木一滋と申します。

新幹線に乗ったときに窓から外を眺めると、山沿いに何十軒もそっくりな家が建っています。また、郊外のベッドタウンに行けば、まったく同じ顔の家がずらりと並んでいます。

そのような光景を見ると、私は建築家として暗澹《あんたん》たる思いにかられます。

実際、酔っぱらって帰ってきた旦那さんが、建物の外観も門構えも、植木さえも同じ隣の家に間違えて入ってしまったとか、ある家を訪問したお客さんが、たばこを買いに外へ出たら、同じ家が軒を連ねていて、帰るべき家がわからなくなったという話も聞きます。

あなたはそんな家に住みたいですか？

でも、こんな同じ顔したハウスメーカー住宅が安いかというと、決してそんなことはありません。３０００万円や５０００万円という、結構高い値段で売り出されているのです。

一方で、地元の建築家と工務店に頼めば、平均的な住宅の場合、ハウスメーカーより、約１０００万円もお得に家が建てられます。この事実を多くの方々に知っていただくために、私は本書の執筆を決意したのです。

なぜ、ハウスメーカーの家が高くなるのかについては、本文でご説明しますが、タレントを起用したテレビＣＭや新聞広告等の莫大な広告宣伝費、住宅展示場への出展、モデルルームの運営費用や本社の事務所経費、営業マンの人件費などがかかっているからです。

そして、それらのお金がどこから出ているかというと、すべてハウスメーカー住宅を買ったお客さんの懐（＝予算）から出ているのです。

では、なぜ地元の建築家や建築設計事務所に頼むと家は安くなるのでしょうか？

建築家や建築設計事務所は、実際に家を建てるわけではありません。図面を作って設計し、工事監理をするのが仕事で、実際に建物を作るのは地元の工務店です。

地元の工務店が作るということは、ほとんどマーケティング費用がかかっていない会社に頼むことになりますので、これが安く建物を建てられる理由の一つです。

また、建築設計事務所自体も地元で持ち家だったりするので、事務所の家賃も安く抑えられます。営業マンのいない会社がほとんどで、営業経費もかかりません。

ハウスメーカーは、「1円でも安く家を建てろ」という本社からの業務命令に従って、常に会社の利益を追求していますが、地元の建築家・建築設計事務所や工務店は、お客様の満足度、幸せ度、使い勝手を一番に考えています。

なぜなら、地元で一度でも悪い噂が立ってしまったら、会社がやっていけなくなりますから、必然的に仕事の中身が良心的に丁寧になっていくのです。

地元の建築家・建築設計事務所に頼むことで、施主は「世界に一つだけのオリジナルの家」をお得な予算で、自分好みのオーダーメイドで建てることができます。

さらに、地元で建てた家はアフターサービスも完璧です。扉がガタつく、雨漏りがする、お風呂の排水口が詰まるなどの不具合が起きても、地元の大工さんが飛んできて修理してくれます。

地元の建築家に家づくりを依頼するもう一つのメリットは、どんな建築資材を使っているかがわかることです。

建築家は設計図を描いたあとに、適切な建材を決めていきます。そして、地元の工務店数社に、その設計図を基にどれくらいの予算で家を建てられるかの見積もりを出してもらい、一番安く施工できる工務店に仕事を発注します。

ですから、ハウスメーカーではほとんどわからない建築資材から家を建てる工法まで、建築設計事務所を通して、施主は手に取るようにわかるのです。

また本書では一戸建ての住宅建築だけではなく、入居希望者が増えるマンションの設計、集客が倍増する店舗デザインや、社員の作業効率がアップし、業績が上がる企業の社屋の設計、そして各種文化施設等に関わる建築家の仕事についても、具体的にご説明します。


短期間で一気に組み立てた既製品の家と、職人の技術で丁寧に作った家。

どんな素材を使っているかわからない家と、何を使っているかがすべてわかる家。

しかも、オーダーメイドで、好きなデザイン、好きな間取り、そして世界で一軒だけの家。

それが１０００万円も安い。

どちらを選ぶか、もう答えが出ていますよね。

もくじ

2 幼稚園児のラクガキからでも立派な設計図ができる……37

1

どうしてハウスメーカーに家づくりを頼むの?

1 ハウスメーカーって何？

「ハウスメーカーって何？　ときどき耳にするけれど、よくわからない……」

そんな質問をお客様から受けることがあります。

業界の方や、実際に建物を建てた経験のある方しか馴染みのない言葉ですね。

ハウスメーカーとは、日本国内全域、または広範囲の規模で展開する住宅建設会社のことです。

複数の都道府県に営業拠点を持ち、各地の住宅展示場に自社製品をモデルハウスとして展示しているといったイメージでしょうか。

例えば、積水ハウス・セキスイハイム（積水化学工業）・大和ハウス（大和ハウス工業）・パナソニック（パナソニックホームズ）・へーベルハウス（旭化成ホームズ）・ミサワホーム・住友林業・三井ホームなどがそれにあたります。どの会社もみなさん、一度はその名前を聞いたことがあるでしょう。

企業規模が大きく、一般的に名の知れた、総合的な事業展開をしているのが「大手ハウスメーカー」だと思っていただいて構いません。

大手ハウスメーカーは、広告・宣伝に多額の費用を費やすことができ、Ｗｅｂ広告をはじめテレビ・ラジオＣＭ、新聞の折り込みチラシなど、多くの人の目に留まる営業活動を行っています。

その成り立ちは、地方の工務店が徐々に規模を大きくしてハウスメーカーと呼ばれるようになったケースもあれば、化学メーカー・電器メーカーや自動車メーカー、財閥系企業などの一部門として設立されたケースもあります。

また、最初から住宅を工場生産することを目的に「住宅メーカー」として設立されたケースもあるなど、各社によってさまざまです。

ハウスメーカーの特徴としては、工場で部材を加工し、現場に搬入して家を建てる「プレカット・ツーバイフォー工法」「プレハブ工法」「ユニット工法」などと呼ばれる工法を多用している点にあります。

加えて、住設機器などを大量に仕入れたり、モジュールなどが規格化された大量生産品をそのまま使用したりすることで、工事コストを下げるといった特徴も挙げられます。

近年では、系列電器店と提携し、新築・リフォームを手がける企業も増えてきました。

また、ハウスメーカーには、「直販型」と「フランチャイズ型」があります。

直販型は、本社が東京にあるとして、横浜や千葉、静岡など、各地に支社・支店を置くといったイメージです。運営も、本社と同一会社の社員で行うのが基本です。

一方、フランチャイズ型の支社・支店は、フランチャイズ本部に加盟する「加盟店」で構成されます。

店名こそ親会社のブランド名を利用しますが、運営に親会社は関与せず、別の法人が経営をします。

ただしフランチャイズですから、親会社となるハウスメーカーの大量生産や原材料の大量買いつけなどによる「製造・仕入れコスト」の削減が図れるというメリットがあるのが特徴です。

「ハウスメーカー」の存在、そしてその中には「直販型」と「フランチャイズ型」の二つがある――。まずはこのことを予備知識として覚えておきましょう。

1-2 フランチャイズ型のハウスメーカーは「財務状況」を要チェック

前ページでも「直販型」と「フランチャイズ型」のハウスメーカーの違いに触れましたが、もう少し補足します。ちょっとイメージが湧きにくいかもしれませんので、コンビニエンスストアに例えてみましょう。

よく大手コンビニエンスストアで、「フランチャイズオーナー募集」といった広告を目にしますが、フランチャイズ本部は、新しいオーナーを随時迎え入れ、短期間で成果の出る店を増やすという目的があります。

仕入れ・販売・集客・採用・商品開発など、ビジネスを遂行するうえで必要なスキルをパッケージ化し、未経験でもしっかりとビジネスを行うことができるよう構築された仕組みを提供しているのです。

建築業界でも構造は同じで、直販型のハウスメーカーでは、営業・設計・工事・アフターケアは、そのメーカーの社員が直接行います。契約を結ぶのも、親会社となる本部です。

一方、フランチャイズ型は、親会社となるハウスメーカーのブランド力とノウハウを借りた代理店の社員が営業・設計・工事・アフターケアを行います。契約を結ぶ相手も、代理店です。そのため、名称には親会社となるハウスメーカーの名前が入っていても、万が一契約上のトラブルが発生した場合は、親会社は一切関知しません。また、独立採算制を採っている場合が多いので、財務状況が悪い会社は最悪の場合、倒産の可能性もあります。

さらに、看板が大手ハウスメーカーでも、実際に工事を行うのは地場の工務店であるケースも多く、施工が未熟な場合もあるため、フランチャイズ型のハウスメーカーに依頼する際は、財務内容や評判などを事前に調べておくことをお勧めします。

通常、上場している会社であれば、財務状況などをその会社のホームページで閲覧することができ、非上場会社であれば、帝国データバンクなどで調べることが可能ですが、専門家でなければそれらのデータを読み解くのは難しいので、売上高、収益や年間竣工戸数、従業員数などを参考にするのがいいかもしれません。

今は保険加入が義務付けられているので、倒産をしても保証はされていますが（詳しくは102ページ参照）、万が一の場合は、どのような対処をしてもらえるのか？　工事が止まってしまったときは？　設計変更の場合は？　など、事細かに確認しておいたほうが良いでしょう。

契約前に責任の所在を明確にしておくことも、施主の心得の一つです。

1-3 住まいづくりには「工務店」と「建築家（建築設計事務所）」もある！

日本には現在約３０００万戸の一戸建て住宅があるといわれています。こんなにたくさんの家を、いったい誰が作っているのでしょうか？

日本の住まいづくりの担い手は、大きく分けて三つあります。


一つ目は、前項で紹介した「ハウスメーカー」。

二つ目は、地域ビルダーと呼ばれる「工務店」。

三つ目が、私のような建築家による「建築設計事務所」です。


多くの方は、「住宅を建てているのはハウスメーカーが圧倒的に多く、地域の工務店は少ない」と思っているようです。しかし日本の住まいの主な担い手は、地域の工務店です。

私たち建築設計事務所は、設計や工事の監理を担当しますが、実際に住宅を建てているのは、地域の工務店なのです。

ひと口に「工務店」といってもいろいろあります。

一人親方の会社もあれば、従業員1000人規模の会社もあり、年間数千棟を手がける大規模な会社もあります。

業態でいえば、注文戸建て住宅を専門としている会社もあれば、分譲戸建て住宅が得意な会社もあります。そのほかにも、賃貸住宅に強い会社、リフォーム中心の会社、ゼネコン（総合建設会社）のような大企業もあります。

同様に、デザインに特化したり、郊外型、都市型の専門会社があったり、耐震化や断熱化、省エネ化が得意な会社もあります。あるいは仕様は一般的なものにして、価格を安く抑えることに重きを置いた工務店もあります。

では、私のような建築設計事務所と工務店、そしてハウスメーカーはどのような違いがあるのでしょうか。

建築設計事務所は直接、建物を建てるわけではありません。

その代わり、施主のニーズを細かく聞き出し、より個性的な建物を設計し、より高品質かつ安く建てられる工務店をコンペティション（＝入札）で見つけます。

コンペティションによって品質レベルを向上させ、同時に値段もかなり抑えた状態で建物を建てる条件を整えます。さらには建物が無事建ち上がるまでの「監理」を行います。お客様のご要望をはじめ、困りごとや敷地の状況を丁寧に把握したうえで、問題点を解消するアイデアを設計に盛り込むというイメージです。

もちろんハウスメーカーや工務店でも、お客様の要望にはある程度は応えてくれます。しかし、ハウスメーカーや工務店の場合は、工法や構造といった社内ルールの制約を受けるため、お客様のすべての要望に応えることはなかなか難しいのが現状です。

その点、建築設計事務所は予算の問題や建築法規上の範囲内で、いかようにも対応できます。

何より工務店との違いとして特筆したいのは、設計者が現場に足しげく通い、工事の進捗や不具合がないかを適時判断できる点です。

というのも、通常、顧客から住まいづくりを依頼された設計者は、その施工を工務店や電気などの関係工事会社に依頼します。そして、設計通りに進行しているかを随時、確認し、監理します。

つまり、設計者は家づくり全体のまとめ役として、オーケストラの指揮者のような役割を担っている存在なのです。

1

4 なぜハウスメーカーの建物は割高になるのか？

なぜ私たち建築家は、ハウスメーカーよりも１０００万円もお得に家を建てられるのでしょうか。

その理由を、ここで説明したいと思います。

ハウスメーカーは、大量仕入れやメーカーの自社仕様による一括発注により、工務店よりも安く材料を仕入れることができます。

それにもかかわらずハウスメーカーの建物のほうが割高になってしまうのは、広告宣伝費や人件費といった、いわゆる間接的な費用に多額の予算がつぎ込まれているからです。

主な間接費用として、このような項目が挙げられます。

- **テレビCMほか広告宣伝費**
- **住宅展示場への出展**
- **モデルルームの運営**

・大量のカタログ製作
・営業マンなどの人件費
・総務、経理など間接部門の事務経費

このように、ハウスメーカーでは材料費を含めた工事原価は安く抑えられるものの、広告宣伝費などの間接費用によって割高になってしまうのです。

下の図の通り、だいたい50％を材料費を含む工事費の直接費用にあて、広告宣伝費、展示場への出展、モデルルームの運営、営業マンの人件費などに30％強、残りが事務所経費と純利益に割り振られています。

つまり、ハウスメーカーで販売している価格の半額近くで、家そのものは建てられているのです。

こうした現実をお伝えしてもなお、「ハウ

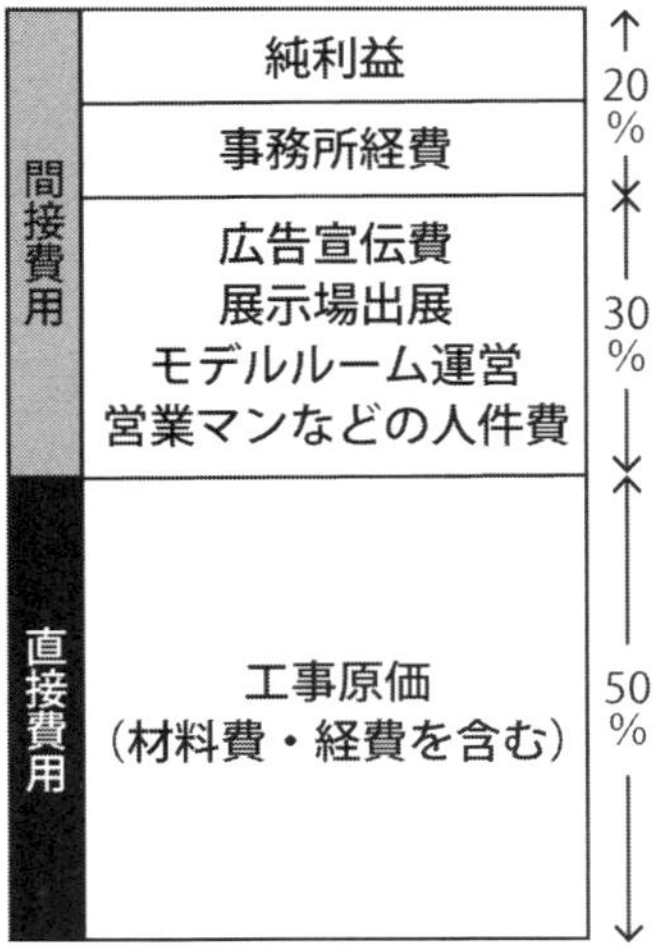

スメーカーのほうが材料と品質が良いから高額なのは当然」と思われる方がいますが、「工務店だから使う材料の品質が落ちる」ということはありません。

住宅に対する価値観は人それぞれです。

間接費用が高額でも、ハウスメーカーを選ぶメリットはありますし、間接費用を抑えられる建築家に依頼して自分好みの家を建てるのも、一つの選択でしょう。

「家選びは恋人選びと同じ」とはよく言ったもので、恋人を選ぶ優先順位や条件は人それぞれ異なりますが、大切な恋人だからこそ、妥協はしたくありませんよね。

あなたは一生に一度の大きな買い物を、どのような基準で選びますか？　恋愛になぞらえて考えてみても面白いかもしれません。

1 / 5 大手ハウスメーカーは有名人を使ったテレビCMで信用を担保している

大手ハウスメーカーは、全国的にテレビＣＭを打っていますが、宣伝効果があるぶん、この経費は膨大です。

また、大手ハウスメーカーのための集客の場である、住宅展示場でのモデルハウスの建設・運営費用も、かなりの金額がかかります。

有名人を使用したテレビCM、住宅展示場への出展は、大手ハウスメーカーのイメージ戦略の一環です。


展示場に行くとわかりますが、どのメーカーも品質は最上級、最高級の素材を使っています。しかしこれらモデルルームにある建物はフルオプションなのです。

家具も一流のものを置き、インテリアなど見せ方にも工夫がなされています。

そんなことを知らないお客様は、モデルルームを眺めて、

「私もこんな家に住みたい！　このメーカーにお願いすれば、モデルルームと同じ家が手に入るはず！」

という錯覚を起こすのです。


しかし、実際に同じクオリティの家を建て、夢に見たような生活が送れている方など、展示場に訪れて家を購入したうちの半数もいないでしょう。

そもそもの予算が限られている方のほうが圧倒的に多いため、結果的には同じハウス

メーカーでも、予算に見合った、オプションなしの規格品を勧められ、当初の理想とはかけ離れた家を購入することになるのです。

一方、工務店や建築設計事務所であれば、多額の広告費をかけるハウスメーカーとは異なり、費用の大半を材料費やデザイン料にあてることができます。

すなわち、展示場で体験したような理想の家を手に入れやすいメリットがあります。

大手ハウスメーカーのブランド力＝信用力は、確かに魅力かもしれません。

けれども、自分の家にこだわりを持ちたいと考えているなら、ハウスメーカー、工務店、建築家に相談するという選択肢もお勧めです。

また、「小さな工務店や建築設計事務所では、工事の途中で倒産する恐れがある」などと言われることがありますが、今は保険加入が義務付けられているので、そのような心配はありません。例えば工務店が潰れても支払ったお金が戻ってくる保険や、「住宅瑕疵《かし》担保履行法」に基づいた、10年間の瑕疵担保責任などの住宅保証制度が設けられているのです（103ページ参照）。

「有名だから安心できる」「小さいから信頼できない」という先入観は捨て、ぜひクリアな目と心で、望む建物を建ててくれる相手を探してみてください。

1 6 ハウスメーカーの家は素材の質が悪いってホント？

先に答えを言ってしまうと、答えは「ノー」です。

ハウスメーカーが扱う素材や品質が悪いということは、決してありません。

ハウスメーカーの中には、自社オリジナル製品を出している企業があります。窓、建具、ネジといった細かな部分まで、すべて自社ブランドで統一していることもあります。

オリジナルで生産できるのは、やはり資本力があるからでしょう。

当然、ハウスメーカーの名を背負った製品ですから、ブランドに恥じないふさわしい品質であることは保証されています。

ハウスメーカーの出発点は、〝家を規格化して手間を省き、大量に注文して材料費を下げて住宅のコストダウンを図る〟ことにあるため、材料費と工事費用だけを見ると、圧倒的にハウスメーカーのほうが割安です。

例えば、建物本体価格３０００万円の家を建てるとします。

ハウスメーカーと建築設計事務所、それぞれで価格の内訳を見てみましょう。

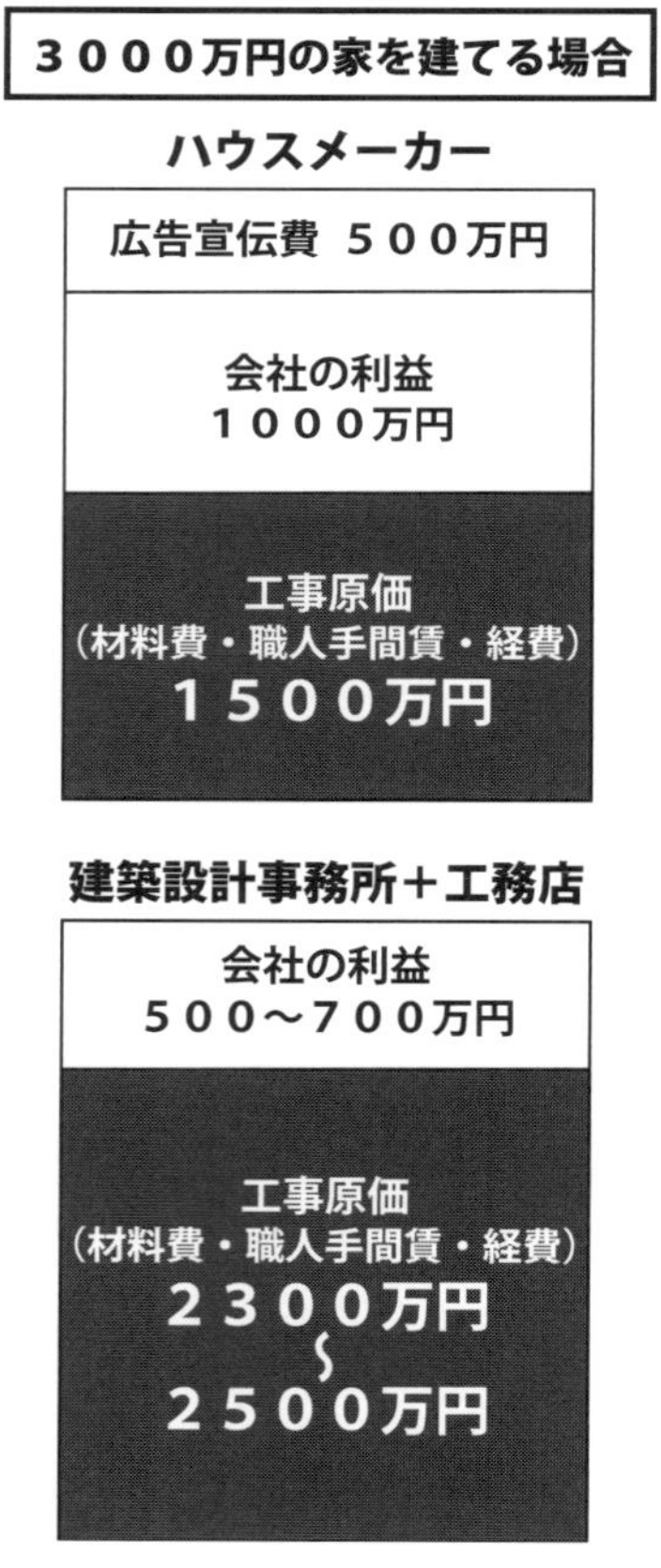

ハウスメーカーで家を建てる場合、会社の利益と広告宣伝費に、価格の50%程度があてられているのです。

ハウスメーカーでは、工事原価である直接費用と広告宣伝費や利益といった間接費用の割合を変えることはできません。

ですから、お客様の予算が設定された時点で、その半分の金額で材料や職人の手間賃といった直接費用を収めようとするのです。

結果、材料も安いものを勧めてきますし、いくら希望を伝えても、「この予算ではこういうプランのものしかできない」と突っぱねられてしまうのです。

一方、建築設計事務所を通して工務店に工事を依頼すると、同じ予算でも上質な材料を使うことが可能です。

広告宣伝費だけでなく、営業マンや事務の人件費、モデルルームといった間接費用が抑えられるぶん、材料費に予算を回せるからです。

材料費について補足をすると、どんな資材でも、だいたい〝松・竹・梅〟のクオリティで商品が用意されています。

最初は〝竹〟でも十分かなと思うお客様でも、実際に見たり、手に取ったりするうちに、最終的に〝松〟を希望するようになる方が多いようです。

ハウスメーカーでは、予算の関係で最終的に〝梅〟になるケースがほとんどですが、私たち建築設計事務所に来られるお客様は、予算の心配をせずに〝竹〟を選べるのです。

1-7 大手ハウスメーカーの大半は母体の住宅資材会社から資材を買っている

大手ハウスメーカーの営業力と資本力をもってすれば、住宅資材会社にもメリットを与えられるため、住宅資材会社と提携し、資材を購入するのは当然です。

販売力も強いため、なかには安価で済む中国や東南アジアといった地域と提携しているハウスメーカーもあるでしょう。

そうした営業ノウハウは、大手ハウスメーカーだからこそ培えるものですし、長年の企業努力の賜物といえます。

ただ、前項でもお話しした通り、資材もピンキリです。

例えばトイレでも、組み合わせ便器、一体型トイレ、タンクレストイレ、システムトイレといったタイプ分けからはじまり、水量やサイズ感など、さまざまな種類が各社から販売されています。

予算も性能もまちまちですから、やはりこういった部分も、ハウスメーカーに依頼すると、お客様の要望というよりも、予算ありきの決定になってしまうのは否めません。

その点、私たちのような建築設計事務所にご依頼いただければ、予算内でもお客様の要望にマッチした商品を提供することが可能です。

また、ハウスメーカーの資材は「大量生産だから割安」という印象をお持ちかもしれませんが、実際に生産しているのは、子会社や孫会社といった系列別会社がほとんどです。厳密にいえば、そういった系列会社が生産し、ハウスメーカーに売っている形になりますので、大量生産しているから安いのではなく、大量購入するから仕入れ値が安く済んでいるのです。

まして、ハウスメーカーでは大量購入といっても、自動車会社の部品の大量購入に比べれば、とても微々たるもの。

ハウスメーカーでは、いくらコストダウンしたところで、全体費用の約半分は間接費に回すことが決まっているのですから、必ずしも大量購入が「お値打ち」とは限らないのです。

1-8 ハウスメーカーの営業マンは誰の味方？

モデルハウスが立ち並ぶ住宅総合展示場で、実際に契約を結んだお客様にどうしてそのハウスメーカーを選んだのか、その決め手を尋ねるアンケートを行った結果、意外にも多かったのが〝営業マンの人柄〟という回答だったそうです。

つまり、営業マンの人柄を気に入ると、その人を信頼して家づくりを任せられると勘違いしてしまう方が、圧倒的に多いということです。

当然、相性はあるでしょうし、そうしたご縁もまた、大きな買い物となる家づくりには欠かせない要素といえます。

しかし、営業マンの仕事は契約までであって、実際に現場で家づくりに携わる人間ではありません。

〝お客様のためにいい家を作ろう〟ということよりも家を売ることのほうが、彼らにとってはるかに重要なのです。

なかには、本当にお客様のためを思い、お勧めしている営業マンもいるでしょう。それでも、彼らの目的は契約を取ることであり、それが自身の業績にも反映されるとなれば、必死に営業するのは当たり前なのです。

契約を取るというミッションが課されているため、「なんとかして早く契約してもらおう」という意識が働いています。ですから例えば結果、「契約後に詳細な打ち合わせを担当者が行いますので、ご要望があれば、その段階でいくらでも変更可能です」というような軽妙な営業トークで契約を急かすのです。

営業マン自身はいい人でも、結局は企業側の人間です。「このくらいならサービスできますよ」と金額交渉に応じてくれても、それは会社のマニュアルに沿った範囲内のサービスでしかありません。

その点、私たち建築設計事務所では、引き渡しまで一貫して携わらせていただきますし、契約を締結した時点で関係が終わる営業マンとは異なり、契約こそがスタートだと思っています。

1-9 せっかく建てた家の寿命はたったの30年？

家を購入することを、

「一生に一度の買い物」
「人生で一番高い買い物」

と表現することがあります。

そんな一大事にもかかわらず、どこにでもあるような、ましてや近隣の家もまったく同じデザインをしている建売住宅に住みたいと、あなたは本気で思っていますか？

予算のことを考えなければ、いくらでもアイデアは浮かぶはずですし、自分好みの家に住んでみたいと思いますよね。

考えてみてください。

ハウスメーカーの名前は、それほど付加価値のあるブランドでしょうか。

ブランドバッグのように、一目見ただけで、「あの家は積水ハウスだ、大和ハウスだ！」などという判断が、果たしてできるでしょうか。

ましてや高級車やブランドバッグのように、使用年数が経ってもそこそこの値段で買い取られるということは、住宅ではあり得ません。

どのハウスメーカーが作った家であっても、日本の家屋の耐用年数は決められているため、期限が過ぎれば建物の価値は0円になってしまうのです。

日本の平均住宅寿命は約30年といわれていますが、これは建物自体の性能の問題ではないのです。

最近の新築一戸建て分譲住宅においては「100年住宅」とか「200年住宅」とか「長期優良住宅」などがあるように、30年で使えなくなるということはありません。

きちんと設計し、定期的なメンテナンスさえすれば、家屋を100年以上維持することは可能です。

海外の住宅に比べると、日本の住宅は耐用年数が30年と、とても短いとされてきましたが、私たち建築設計事務所にご依頼いただけば、先々のライフスタイルの変化に対応可能な設計もできるため、居住年数が経って不具合が出てきても解決することができます。

2

幼稚園児のラクガキからでも立派な設計図ができる

2 1 もしも幼稚園児が家を建てたなら

「建築家に家づくりを頼む方法がわかりません。どうしたらいいのですか?」

依頼主からそのような質問を受けることがあります。

このようなとき、私は「写真でも、雑誌の切り抜きでもいいですから、お客様のイメージに近いものを持ってきてください」とお答えしています。

あるいは「スケッチでもいいですよ」とお伝えしています。

プロの建築家は「幼稚園児が描いた走り書き」を見ただけで家の設計図を作ることができます。

例えば、「暖炉のある家」「屋上のある家」「窓がたくさんある家」などなど、あらゆるオーダーに応えることができます。

昨今、依頼主の要望は多様化しています。

「家の中にスポーツジムを作ってほしい」

「ガーデニングができる庭を設計してほしい」

「趣味の隠れ部屋がほしい」


といったように多種多様な要望を投げかけられます。

建築家がどうやって家を設計しているかというと、まず依頼を受けてから、最初にラフスケッチを描きます。

それからお客様（施主）にヒアリングをしながら詳しくイメージを聞き出し、それを元に平面図、立面図、断面図といった、「意匠図」と呼ばれる図面を作っていきます。

立面図とは、建物を東西南北の四方向から描いたものです。

この三つの図面ができ上がってから、さらに詳細図を作ります。

矩計図、電気設備図、機械設備図、外構図……。

このようにたくさんの図面を仕上げ、施主に何度も確認しながら、工務店に発注するのです。

某氏邸リビングのスケッチ

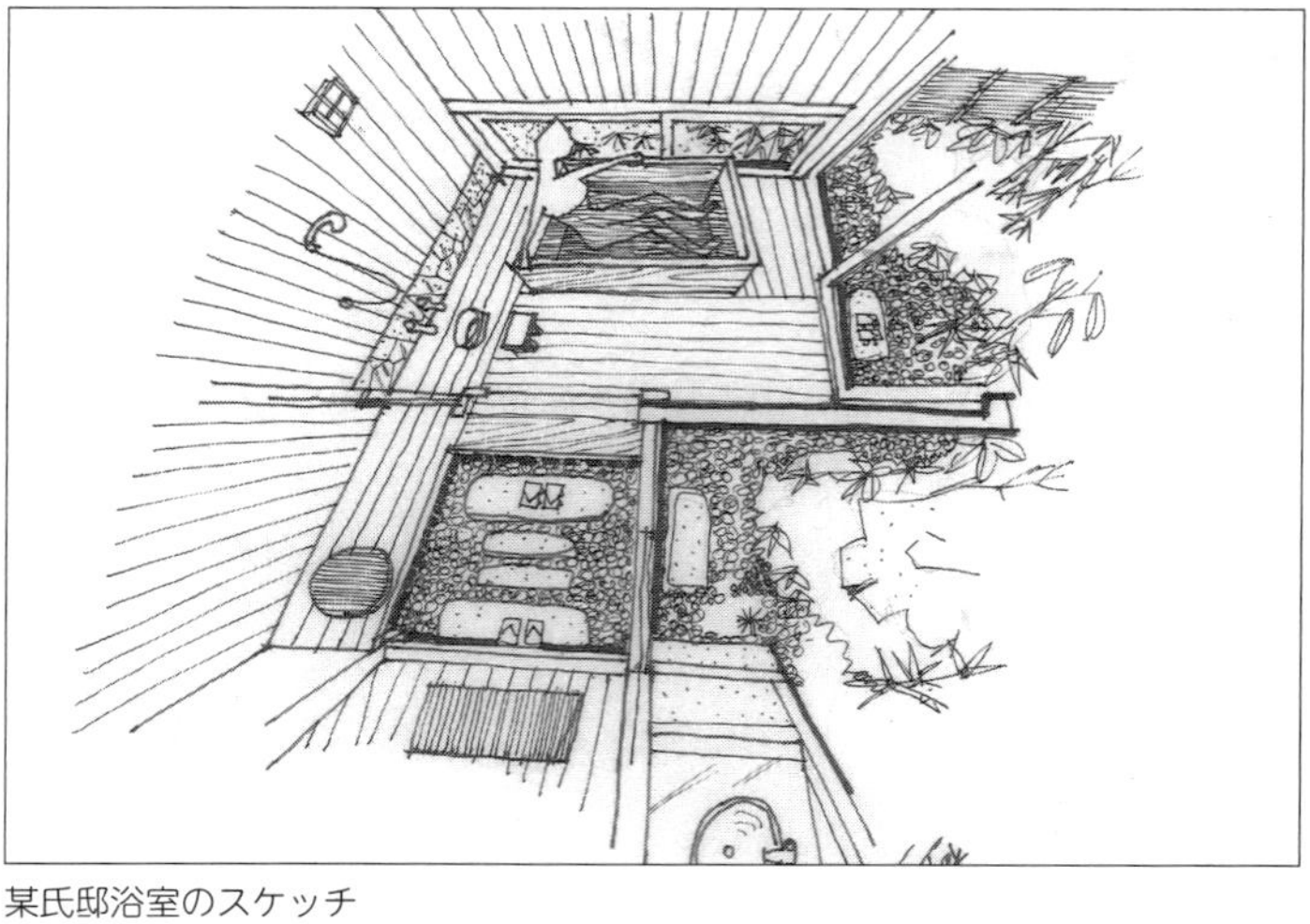

某氏邸浴室のスケッチ

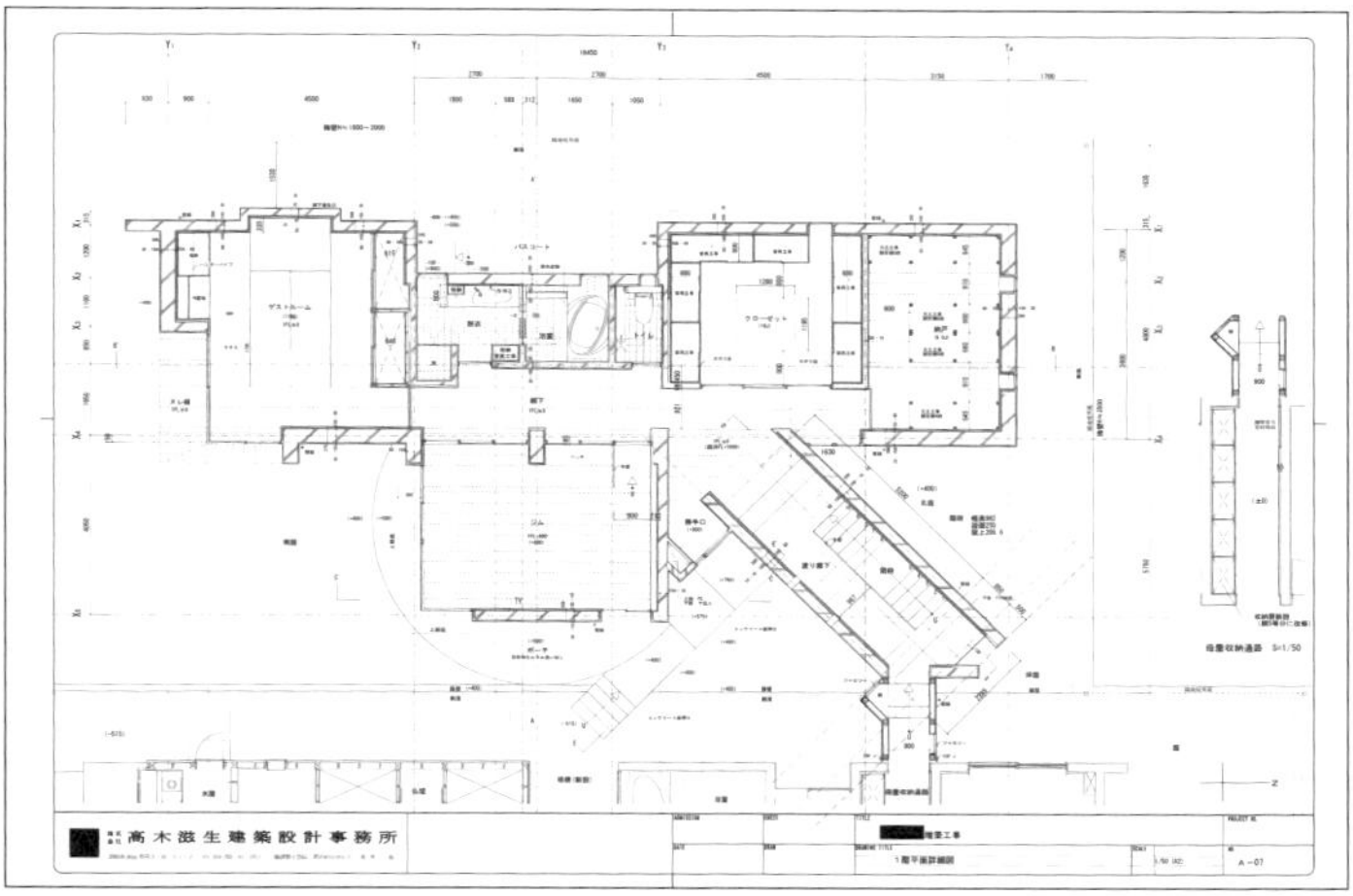

某氏邸の意匠図の一部

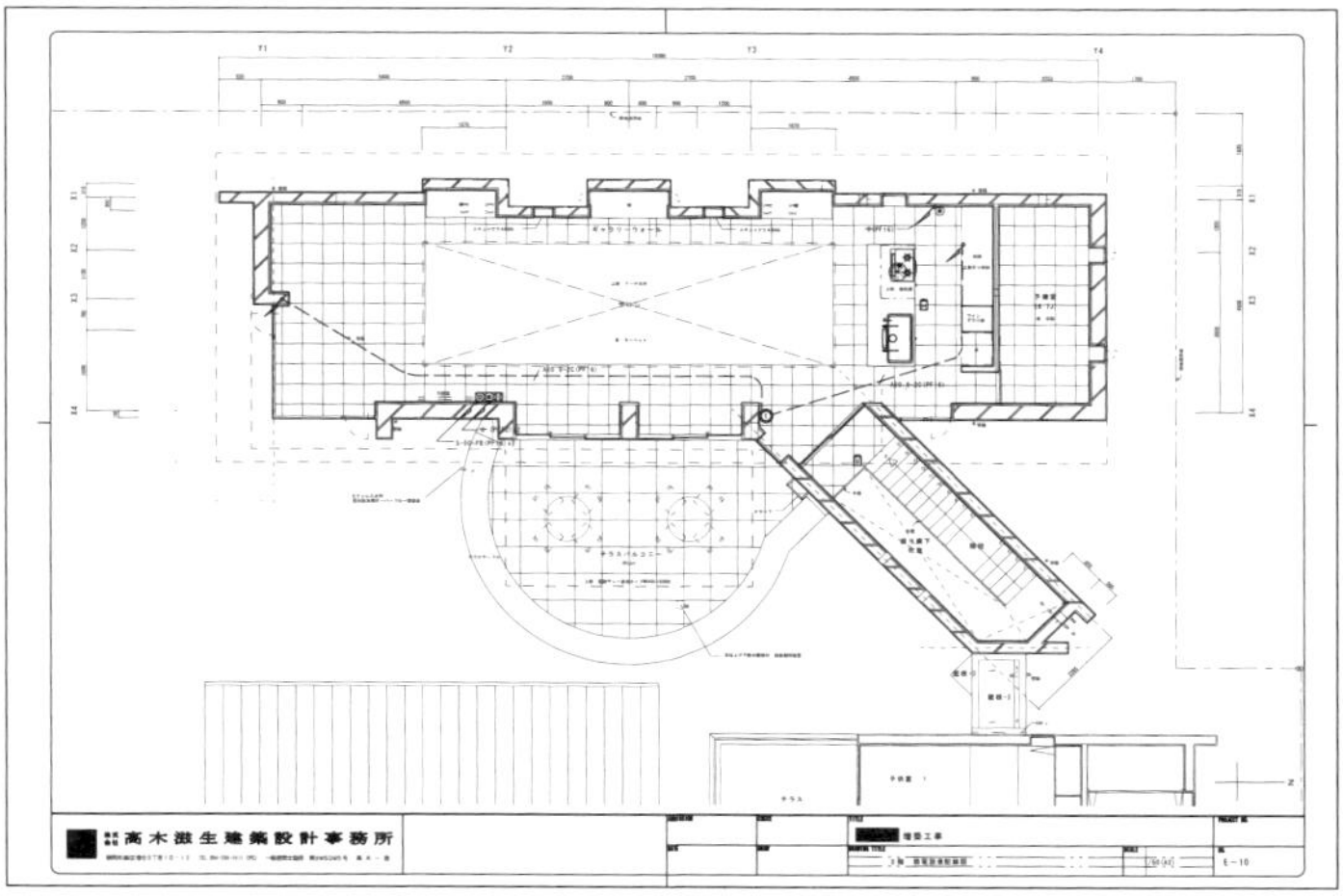

某氏邸の電気設備図の一部

建築家は場合によっては、１００枚も設計図を作ることもあります。なぜ、そうなるのか？　それは、建物がすべてオーダーメイドであり、世界で一つのお客様だけの建物を作るために必要だからです。

幼稚園や小学校のとき、将来住みたい家を絵に描いたことがあるはずです。それをぜひ、大人になった今、描いてみていただきたいのです。

「象がいる家」「地下10階に宝物を隠してある家」「お菓子の家」などなど、あなたが住みたい家を思うがままに手書きの絵にしてみてください。

実際、子どもが描いてきた突飛な家の絵を見て、私自身が建築家として気づかされたこともたくさんあります。

あるお客様は、何とはなしに外階段の絵を描いてきました。

その絵を見て、私は一瞬で「この施主さんは、できるだけ大きな面積の部屋を作りたいんだな」と気づいたのです。

実際に、外付けの階段を作ることで、建物内部の容積を大きく取ることができ、階段自体も建物内部もオシャレなデザインとなりました。

このように思いや理想を伝えるのに「絵」は大いに役立ちます。

理想の家を建てたい方は、思う存分、恥ずかしがらずに、子ども時代のラクガキのつもりで「夢の家の絵」を描いてきてほしい——。それが私たち、建築家の本音なのです。

2 オーダーメイド建築は、こんなに安かった

オーダーメイドと聞いて、あなたは何を想像しますか？

オーダーメイドの靴、オーダーメイドの家具、オーダーメイドの結婚指輪、オーダーメイドのケーキなどでしょうか？

どれも依頼主の好みやセンスの結晶で、世界に一つのものですね。

オーダーメイドとそうではない一般の市販品を比較すると「オーダーメイドのほうが高

額になる」という印象を抱かれる方が多いですね。

たしかに、上記に挙げたもののほとんどは、オーダーメイドのほうが高い商品たちばかりかもしれません。


しかしながら、こと住宅に関しては、そうではありません。

オーダーメイドの家といっても、その仕様によってピンキリ(松・竹・梅)です。ハイグレードな仕様にすれば、上物《うわもの》だけで億を超える場合もあります。ただし、平均的な3000万~4000万円の建物であれば、施主の予算に応じ、クオリティの高さを維持したうえで、ハウスメーカーよりも1000万円~2000万円も低額で建てられるのです。

けれどもこの事実は、あまり知られていません。

一般的なオーダーメイド商品と同様、「オーダーメイド住宅なんて、高いに決まっている」と思われているのです。


私に過去に依頼された施主に、「なぜオーダーメイド住宅を建てようと思ったのですか」と、その理由を尋ねたところ、「同じ要望をして見積もりをしてもらった中で、お宅が一番安価だった」と答えてくださったことがあります。

その施主は、早期の引っ越しを望んでいましたが、いざ家を購入すると決めたら、どんどん夢が膨らみ、どうしてもゆずれない部分が多数出てきてしまいました。

結果的にハウスメーカーにその要望は叶えてもらえずに、結局、建築家である私のところにやってきました。


通常、ハウスメーカーでは、契約から竣工まで半年弱。長くても1年もかからず完成します。

けれども建築設計事務所に依頼すると、設計だけで数カ月。それから細かな打ち合わせや見積もりを何度も繰り返して工事に取りかかり、完成するまではゆうに1年以上は要します。

設計段階で時間を取るのは、広さ、形、見た目、素材など、すべてにおいて施主の意向を確かめ、進めていくからです。

しかしながら、それだけ手をかけ、時間をかけても、トータル的にはオーダーメイドのほうが、建売住宅よりも安く、しかも満足度の高い建物が建てられるのです。

②
3 オーダーメイド建築にしたら運気が巡ってきた

「新居に引っ越してから幸運続きで、本当に家を建てて良かった」

以前、ある施主からこんな嬉しい言葉をいただいたことがあります。

例えば、神社にはパワースポットが多いですが、風水的なことも含めて建立時に、あらゆる工夫がなされています。

住環境においても同じで、建築家にも、風水的な知識を応用した設計法や空間づくりの手法があります。

有名なところでいうと「鬼門」という言葉を耳にしたことがあるのではないでしょうか。

鬼門とは、北東の方角を指し、その名の通り「鬼（邪気）の出入りする方角」を意味しています。

もともと古代中国の考え方で、その起源は古代中国の説話や歴史上の情勢・地形の問題など諸説があります。

それが日本に伝来し、安倍晴明で知られる陰陽道や神道、怨霊信仰などの影響を受けて、不吉な方位として徐々に広まっていきました。

そうした説はさておき、鬼門は昔の人の生活に根ざした知恵でもあります。

例えば、「鬼門に水回りを作ってはいけない」というのは、北東に水回りがあると、冬場に冷えや湿気、空気のよどみに悩まされるからです。

「裏鬼門（南西）にキッチンやリビングは不向き」というのは、冷蔵庫のなかった時代、西日が当たり、食材が傷みやすかったからなどの理由からきています。

そうした古くから伝えられた知恵なども考慮したうえで、施主の要望を取り入れた設計をしているのですから、当然、居心地の良い、しっくりくる空間演出が実現します。

毎日の暮らしでも、部屋が散らかっていると心も乱れ、なんとなく落ち着かないように、みなさんが実感している以上に、住環境が与える心身への影響はとても大きいのです。

実際に、建売住宅からオーダーメイド住宅に引っ越した施主は、「前の家も住み心地は良かったけれど、使い勝手がいいのはやっぱりオーダーメイドで建てた今の家だ」とおっしゃってくださいました。

ほかにも、「前の賃貸住宅に住んでいた頃は、考えることも後ろ向きでネガティブだったけど、住まいが変わっただけで、何事もポジティブにとらえられるようになった」という感想を語られた方もいます。

オーダーメイドは、理想の空間を具現化したものでもありますから、自己実現感を常に感じられて運気が上がるのは当然なのです。

例えば、スーツも量販店で購入するのではなく、オーダースーツを仕立てると、自尊心が高まり年収もアップするという話もよく聞きます。車が好きな方であれば、自分仕様に車をカスタマイズして走ることで〝あるべき理想の状態〟を得ることができます。

生活の基盤となる住環境をオーダーメイドで作るということは、単なる贅沢にとどまらず、理想の空間に身を置き、ポジティブな思考と共に時を過ごす場を得て、良い気の流れ、幸運の流れを得ることにもつながるのです。

2 4 良い空間で一生得する人、悪い空間で一生損する人

大自然の中と都会の雑踏の中、あなたはどちらが心安らぐでしょうか？

その感覚は、個人によって差があるかもしれませんが、住環境においては、騒音まみれの自宅に好んで住みたいという方は、そうはいないと思います。

日本人が大切に育んできた感覚に、「間《ま》」というものがあります。

「間」は住環境の〝落ち着き〟や〝ゆとり〟を演出するうえで不可欠な、〝無駄〟ともいえるものです。

例えば、「天井は高いほうが良い」、「家の顔でもある玄関は見劣りさせたくない」、「敷居があると窮屈な気持ちになる」など、施主にヒアリングすれば、だいたいの意向は掴めます。

それに加え私たち建築家は、建物内に「間」を作ります。

この「間」を構成するのが「間取り」です。

間取りを考えるにあたっては、まず敷地を描き、要求面積に合わせて書き込むか、切り

貼りして間取りを考えていくケースが一般的です。

優れた建築家は、常に断面図のスケッチを頭に描き、風通しや日当たり、眺めなど空気や光の流れを捉え、立体になったときの快適さを追求していきます。

自分が空気になったつもりで、快く遊泳できる空間はどのようなものか想像するのです。空気の感覚で間取りを考えて、「間」を含めた空間を作っていきます。

私は〝良い間〟を持った〝良い空間〟で一生を送っていただきたいと願ってやみません。


良い空間で過ごすと、心と身体の健康が保たれます。

その一方で、悪い空間にいると、空気がよどむのと同じように、心も身体も、思考さえもよどんでしまうのです。

あなたの家は世界に一つのものです。

ぜひあなたも建物の中の風となって、妥協のない「間」のイメージを膨らませて、それを建築家に伝えてみてほしいのです。

そこから建築家とあなたの共創作業が始まります。

2-5 一流の建築家は運気も運んでくる

建物や部屋次第で運気が変わることは、大いにあり得ます。ほぼ１００％に近い確率で、運気の上がる建物（部屋）、上がらない建物（部屋）はあると私は考えます。

例えば、あなたはどのような土地や家には住みたくないと思いますか？私が住みたくないのは、以下のような条件の土地や家です。

・太陽の光が入らない土地または家
・湿度が高く、クローゼットの衣類がカビだらけになる家
・窓が少なく、昼間でも部屋の中が暗い家
・部屋数は多いが、壁やドアが多く、閉塞感を抱く家
・安心、安全の保障がない家
・近隣住民の声が筒抜けでうるさい家
・道路や線路など、騒音と隣り合わせの家

このような物件に住んだ場合、快適な暮らしが送れるでしょうか。

少なくとも「この家に住んで良かった！」と感じるのは難しいと思います。

絶えず何かに不満を抱いている状況に、良い運気が流れ込んでくることはないでしょう。


逆に、前ページに挙げた項目が好転したらどうでしょうか。


太陽の光が燦々《さんさん》と差し込み、開放感あふれ、安心、安全の保障がある家に住めば、自ずと気分は上々になり、何をやっても楽しく、幸運もめぐってきそうですよね。

往々にして、「こんな土地（家）には住みたくないな」と思う物件は、運気が悪いことが多いのです。


家は恋人選びと同じです。

妥協して恋人を選んでも情愛が芽生えることはないように、まるで恋人や家族のように愛し、大切にできる家であれば、気持ちも明るく、前向きになり、運気はアップするのです。

運気をアップさせる家を建てるには、風水や家相だけにとらわれるのではなく、あなたが望む、住み心地の良い家を建ててくれる建築家とめぐり会うことが大切です。

2-6 「リビングはやっぱり吹き抜けにしたい！」その夢は叶います

オーダーメイド住宅でよくリクエストをいただくのが、吹き抜けのリビングです。昼はガラス窓から太陽の光が注ぎ込み、天気の良い夜は月や星空を仰ぐことができ、広々とした空間を演出できるリビングは、ゆとりある素敵な家の象徴ともいえます。

しかし、ここで大切なことが一つあります。それは、「リビングに吹き抜けが欲しい」という要望に対し、すべてに応じるかといえば、決してそうではないということです。吹き抜けは確かに外光がたくさん入りますし、風通しも良く、何より開放感を与える手法です。

その一方で、冷暖房効果が悪くなる、部屋数が減る、掃除が大変といったデメリットも伴います。

そういった事情も含むことから、お客様の要望、土地、方角などを考慮したうえで、次のような提案をさせていただくこともあります。

「南側のリビングを吹き抜けにすると、室内の温度が上がりすぎる可能性があるので、玄関を吹き抜けにしませんか？」

「現在は子ども部屋の確保を優先して、将来的に2階の床部分を外す方法でリビングの吹き抜けを実現してはどうでしょうか？」

など、お客様の暮らしや将来設計に合ったアドバイスを心がけています。

もちろん、どうしても吹き抜けが欲しいというのであれば、実現するのは簡単です。しかし、何でもお客様の要望を叶えるのではなく、望ましくない場合は、ご納得いただけるようなご提案をいくつか用意することがあります。

ときには、施主が望まなくとも、容積率の関係で吹き抜けをご提案する場合もあります。施主の中には容積率や建蔽率《けんぺいりつ》といった言葉にも精通している方がいらっしゃいますが、ほとんどのお客様には耳馴染みのない言葉です（詳しくは86ページ図参照）。

リビングの吹き抜け施工例

玄関の吹き抜けイメージ

玄関の吹き抜け施工例

2

7 満足いく建物は、オーダーメイドでしかできない

なぜ、こんなにも多くの方が建売の家を購入するのでしょうか?

その最たる理由は、「建築家に依頼するほど予算がない」というものです。

しかし、何度も申し上げてきた通り、これは大きな勘違いです。

オーダーメイド住宅のほうがお金がかからない——これが真実です。


多くの方が「お金が足りないから建築家にオーダーメイドは頼めない……」。そのように思い込んでいるのです。

そんなふうに一般の方に思わせてしまうのは、我々建築家も反省すべき点ではあります。

多くの方は、建築家に対して〝敷居が高い〟イメージを抱いています。

しかし、建築家はそんなに敷居の高いものではありません。

私は、本書を通じてもっと家づくりのこと、建築家についてのことを知ってほしいと願っています。

一生に一度の、数千万円という大金で購入する住宅です。

そして、誰でも心の中に「こういう家に住みたい」という理想があるはずです。


「狭くてもいいから書斎を持ちたい」

「デッキのある家に住みたい」

「リビングは吹き抜けがいい」

「洗面所やお風呂は洗濯物が干しやすい２階に設計してほしい」

「地下に物置部屋が欲しい」


などなど、このような要望を建築家にどんどんぶつけてほしいと思います。

建築家の多くは熱意を持って勉強してきた人間ばかりです。

「施主の夢を形にして笑顔になってもらいたい！」、そのことで頭がいっぱいになり、相談を受けるとワクワクが止まらなくなるのです。

アイデアが浮かぶと、他の作業を中断してでも取りかかります。眠っているときに見た夢でひらめくと、夜中でも机に向かってしまうことさえあります。

私にとって設計した建物は、我が子同然です。

このように思う建築家は、たくさんいると思います。

2 8 オーダーメイド住宅なら建設途中に現場をチェックしやすい

ある施主は、時間を見つけてはいつも夫婦で建築中の現場を見にきていました。

普段、建築現場を見る機会もないため、物珍しそうに作業を見たり、「ここにこんな家具置きたいね」などと、新しい家のインテリアを相談したり、着々と進む工事の様子を楽しみに、完成を心待ちにしている様子でした。

設計段階から関わり、自分の要望が取り入れられたオーダーメイドの家だと、やはり気持ちの入り方も違うのでしょう。

工事中はもちろん、完成に近づくほど、足を運ぶ回数も増えました。

家を建てる工務店の人たちも、頻繁に施主が現場に来てくれるため、自然と親近感が増すのでしょう。〝この家族のために素敵な家を作ろう〟。そう思えることで、さらにやりがいが増すと言っていました。

その現場の近くで、「売約済の建売住宅」を建てていました。その建売住宅の施主は、完成間際に一度見にきたきりで、それまでまったく見かけませんでした。

建売住宅は、住宅展示場やモデルルームなどで完成品を見ているため、そこまで頻繁に現場を訪れる必要もないですし、現場に来ても下請けの工務店が作業しているので、顔見知りの人もおらず、何となく近寄りがたい気持ちになるようです。

私の事務所では私自身、もしくは事務所のスタッフが監理者として、最低でも週に一度は現場に行きますし、随時、定例会議を開催します。現状把握はもちろん、問題点はないかなど、細かな点まで確認し合うようにしています。

何度図面に起こしても、実際のイメージとは異なる場合もあり、施主さんをお呼びし、設計通りに進めるのか否か、いくつかの提案を踏まえて相談することもあります。

そして竣工間際には毎日のように現場に通い、漏れや不足はないか、最終チェックに立ち会ったりもします。

オーダーメイドであれば、現場を進めていくうちに生じた、机上ではわからなかった新たな希望や問題点にも応じられます。

ときには追加費用がかかってしまうこともありますが、完成してから「こんなはずじゃなかった」という不具合が起こらないのも、オーダーメイドならではの利点です。

住む前から自分の家に愛着が湧くのも、オーダーメイド住宅ならではの特権でしょう。

2 ― 9 自分好みの間取りが自在に作れる

オーダーメイド住宅の一番のメリットは、理想的な住まいを実現できる点にあります。施主やご家族の希望はもちろん、家族構成やその時々のライフスタイルに合った間取りの家が手に入るのです。

その中でも比較的依頼の多い要望と、それに対するご提案を紹介したいと思います。

①夫婦と幼い子どもがいるファミリー世帯

子どもが幼いうちは個室がいらないので、将来的には間仕切りをして個室が作れるような設計をお勧めしています。そして子どもが独立したあとは、再び間仕切りを取り外し、部屋を広くして利用できるようにしています。

施主の希望によっては、子どもが結婚したあと、二世帯住宅に増築できるような設計をすることもあります。

②夫婦と小学生以上の子どもがいるファミリー世帯

将来的に二世帯住宅にもできるような間取りが人気です。

敷地面積にもよりますが、土地に余裕があれば、増築も視野に入れます。

もし敷地が足りない場合は、２階建てを３階建てに増築するプランもあります。

また、リビングのスペースを大きく取っておいて、将来的なリフォームやリノベーションに備えることもあります。

③夫婦二人暮らし

将来、一人暮らしになることを想定した間取りを設計します。

一人暮らしであれば、リビング、寝室、キッチン、物置、浴室、トイレがあれば十分でしょう。愛着のある家にそのまま住みつづけるのが理想ですが、家が広すぎれば賃貸に出し、自分はマンションに住む。あるいはシェアハウスに転用する。または「減築」することなども考えられます。

④将来的に賃貸に出す前提の間取り

将来的に賃貸に出すことをお考えの場合は、二種類の設計をご提案しています。

一つはスタンダードな間取りを設計します。

そしてもう一つは、その人の趣味をとことん追求した設計をするのです。例えば車が趣味の方なら、ガレージの見えるリビングを設計するなど、エッジを効かせることで「この家だったら借りたい！」という希望者が出るからです。

このように、現状だけでなく、10年、20年、30年と将来的なことも踏まえた設計がオーダーメイド住宅なら可能です。

その際は、リノベーションしやすいラーメン構造※にすることが多いでしょう。

空間をどのように仕切るか、それによって住まいの雰囲気や住む人のライフスタイルと利便性は大きく変わってきます。

〝自分好み〟も時間と共に変化します。〝今だけ〟ではなく、将来も意識した〝自分好み〟を形にすることが大切なのです。

※ラーメン構造とは？

鉄筋コンクリート造（RC造）には、柱と梁《はり》で建物を支えるラーメン構造と、壁や床で支える壁式構造の二つがあります。ラーメン構造は室内に柱や梁の出っぱりがありますが、コンクリートの構造壁はなく、間仕切り壁をとりはらって自由に間取りを変更できるため、リノベーション・リフォームに向いています。

2 10 建築資材を自分で選ぶことができるアートディレクションの楽しみ

オーダーメイド住宅なら、建築資材選びも自由です。

例えば床材のフローリング一つとっても、数限りない種類があります。

フローリングは大きく分けると「無垢（単層）フローリング」と「複合フローリング」の二つのタイプがあります。

無垢フローリングの最大の長所は、なんといっても素材感です。複合フローリングに比べて高価ではありますが、自然素材ならではの木の美しさと質感が味わえ、年月が経つほどに風合いが増して、味わい深くなります。

傷がついても部分的に削って再塗装することで補修も可能で、全体を研磨すればリフォームも可能です。床材としての寿命が長いのも特徴でしょう。

複合フローリングは、施工性が優れていてコストも安く、デザインバリエーションも多いのが特徴です。利用目的に応じた機能商品が豊富で、耐摩耗性、耐傷性、遮音性、耐キャスター性など使用場所や目的に合わせて特殊加工した性能豊かな床材を選ぶことができます。

無垢フローリングに比べて、四季の温度変化に影響されにくいうえ、膨張や収縮、ねじれや反りなどが生じにくく、比較的メンテナンスも楽です。ただし、外光に弱く、表面材が変形・割れ・めくれ等を起こしやすいというデメリットもあります。

また、強度は表面の塗装に頼っているので、塗装が摩耗したあとの寿命が短く、研磨もできません。

フローリングの材料となる木材も「広葉樹」と「針葉樹」に分けられます。

広葉樹は文字通り、葉っぱが偏平に広がっている樹です。英語では"hardwood"といい、硬い木なので傷がつきにくい特徴があります。ナラ、メープル(カエデ)、ウォールナット(クルミ)などが代表格です。

針葉樹は、葉っぱが針のように細長く伸びている樹です。英語では"softwood"といい、柔らかいので加工性には優れていますが、傷がつきやすいという欠点があります。パイン(マツ)、シーダー(スギ)、ヒノキなどです。

それぞれ特徴や値段が異なりますが、狭い部屋や家族しか出入りしない場所なら安価な素材、来客の多い玄関などは高級素材など、用途によって使い分けることも可能です。

資材一つで空間や居心地も変わってきますから、資材選びは重要です。

ただ、あまり種類が多くても施主が迷ってしまうため、ある程度こちらでセレクトしてから適切な資材をご提案します。それでも、最終的に選ぶのは施主ですから、希望を伝えてもらったほうがこちらも提案のしがいがあります。

私もできるだけ施主の要望を尊重するようにしていますが、ときにプロの目から見て、忌憚《きたん》のない意見を申し上げる場合もあります。

例えば、カタログのカラー見本では地味だと思っても、それが何十倍、何百倍の大きさになると派手に見えることもあります。

机上では計り知れないことも多いものなので、そうした場合はこれまでの経験をもとにご提案をします。

ですから建築家を選ぶときは、センスのある人か、ない人かを見極めることが大切です。ファッションを見たり、事務所のインテリアを見たり、あるいは過去の建築実績を見たりすれば、その建築家のセンスも、ある程度察しがつくのではないでしょうか。

2

11 リフォームするだけで、住まいは10倍楽しくなる

家族構成やそれぞれの年齢が変われば、ライフスタイルにも自然と変化が生じます。当然、住まいに対する要望も変わります。

私の家は、父の代から数えると30年間で、なんと10回もリフォームしています。

母が画家だったので、最初は母屋の隣にアトリエが作られました。私が中学生になったとき、姉二人が東京の美大に進学して家を出たため、自宅全部を事務所にして、マンションに転居した時期もあります。

それから数年が経って、両親がマンション暮らしに飽きた頃合いに、自宅に戻ることになりました。

そのときも、６００万円ほどかけて施主がいつでも見られるように、2階のシステムキッチンをリフォームし、１階部分は母の絵画や知人のアーティストの彫刻作品などを展示するギャラリーに改修しました。

リフォーム同様に行っていたのが、近隣の空き物件を購入することでした。

「隣の土地は借金してでも買え」という昔からの格言があるように、土地さえあればいかようにも転用できます。

同じ200坪の土地でも、離れて別々にある100坪の土地2カ所より、一まとまりの200坪の土地のほうが利用の自由度が高く、価値が高くなるからです。

これによって周囲の景観が保たれる、近隣との不要なトラブルが避けられるメリットもあります。

住むだけの家ではなく、副業の場や習いごとの場、交流の場などを設けることで、家のあり方、人生の楽しみ方は変わってきます。空いた土地や部屋をトランクルームにする物件が増えているのも、時代の流れをくみ取ってのことでしょう。

リフォームをすることで新しい住環境が手に入ります。思い出と一体化した空間に住みつづけながら、〝新しい人生〟をリスタートすることができるのです。

新築を立てることだけにこだわらず、そのような視点を持つことも、人生をより楽しくするコツといえるでしょう。

高木邸全景

エントランスから見た外観

リビング・ダイニング

コラム

こだわる部分にはお金をかけて、その他は節約していい

設計する際、たいていの建築家は「どこを主とするか」を施主にお尋ねします。例えば家族が集う場所（＝リビング）を主役に望むなら、その部分に重点的に予算を配分し、居心地の良い空間を提供できるような設計をします。

一方で、「この部分はお金をかけなくてもいいと思う部分」も聞きます。例えば物置部屋や寝室など、家族以外が立ち入ることのない場所を施主が挙げるのであれば、その部分は予算を削減した作りに設計します。

こだわりを取り入れたい部分と、こだわらなくても良い部分を分け、メリハリをつけるのです。

こうやって間取りの「主」と「従」を決定します。

多くの場合、自宅にいることの多い奥様（女性）の意見が反映されがちですが、

玄関や階段、リビングなど、人目につきやすい箇所を「主」にする場合がほとんどです。

図面や画像だけでイメージしにくい場合は、100分の1や50分の1サイズの模型を作って、お見せします。最低でも2~3回は製作します。

模型まで製作するのは建築家ならではのプレゼン方法です。

実際のイメージを膨らませていただくには、紙面上や画面上だけでなく、模型で見ていただくのが最適なのです。

3

一流の建築家は建物ではなく「空間」を創っている

3-1 一流建築家は「見えない空間」をまずデザインする

「一流の建築家とそうでない建築家の違いは何か?」

もしそう聞かれたら、私は即座にこう答えます。

「一流の建築家は、〝見えない空間〟をまずデザインします」

どういうことかというと、建物の中の「ゆとり空間」を真っ先に考えるということです。これは弊社の設計哲学の一つでもあります。

まず、「ゆとり空間」について説明しましょう。

ゆとり空間とはまさにその名の通り、それがないと、家の中に重たい空気が溜まってしまう空間を意味します。

例えば、ベテラン建築家は家を建てる場所の地形を見て、どうしたら風が通るか、光を取り込めるかを瞬時に見抜きます。

人間と同様、家も生きているのです。

敷地いっぱいに家を建てて、さらに家の中を機能的に、機械的に区切っていくとその建物はたちまち息苦しくなってしまいます。

持ち主が生涯にわたって、快適に住みつづけられる家を作るためには、どうしても「見えない空間デザイン」が必要になってきます。

そこから、「主の空間」と「従の空間」を作っていきます。

「主の空間」とは、リビングなどの人の集まる場所です。

光が差し、風が通り、常に新鮮な空気が循環しています。

「従の空間」は、例えば納戸などです。

ここは逆に、薄暗くてもOKで、風が通っている必要もありません。

この建築哲学を、私は自分の父親の高木滋生から学びました。

父親は50年間「見えない空間づくり」に勤しみました。

父親の遺した著書『建築家のわがまま「住居学」』（建築ジャーナル刊）を開くと、そこには木の香りが楽しめて、庭の見える浴室をテーマにした住居が紹介されています。

木の香りが楽しめ、庭の見える浴室

「坪庭を設け、光・通風を確保し、食堂から玄関脇の坪庭を垣間見る」
「広いＬＤＫにコタツを設け、モダンでシンプルな部屋を演出」
「可動家具を使った自由な空間づくり」

など、どのページをめくっても、父は「見えない空間」を考えて建物をデザインしていたことがうかがわれます。

父親がいつも言っていたことがあります。

「図面を描くとき、一本の線に魂を込めなさい」

たった一本の線（間仕切りなど）で、空間を生かしたり殺したりできるということです。

我が父ながら、高木滋生の「空間センス」は抜群でした。

一流の建築家だった彼は平面図を描きながら、立体も把握し、真向かいに座る施主に図面を見せているときに質問されても、逆側からでもスラスラとデッサンし、即座に対応することができたのです。

普通、模型を作らないとさまざまな角度から見たときの情景はわからないものですが、スケッチの段階で平面ではなく、空間イメージでとらえることができるのです。

新進気鋭の建築家ほど、斬新なデザインに挑戦したり、芸術的な家を作ろうとしたりします。

しかし、3年や5年くらいの仮住まいの家なら構わないのですが、それは親子で何十年と住みつづける家としては、実用的でないこともあり得ます。

住む人の身になって、まずはその場にいるだけで疲れが取れる、癒やされる、直感が冴える、家族団らんの場になる……。

そんな空間を作るのが、私が目指している家づくりです。

「建築とは、結局のところ空間のデザインで決まる」

私はそのように思います。

ほかにも、「建築の持つ、言い知れぬ色気とはどんなものか。間とは何か。建築の空間と対峙し、そこに生まれる阿吽《あうん》の呼吸とは何か。建築に粋なこころを演出するには?」などといったことを、常々考えつづけて過ごしています。

③ 2 施主も芸術センスをどんどん磨くべき

私が、施主のみなさんに常にお伝えしていることがあります。
それは〝芸術センスを磨いてください〟ということです。

芸術は決して難しいものではありません。
芸術を感じることは、誰にだってできます。
これまで芸術に触れる機会がなかった方も、これからさまざまな芸術作品に触れてほしいのです。

芸術鑑賞を始めるのに、遅すぎるということはありません。しかも自分のペース、そして自分の解釈で楽しめばいいのです。

美術館では、館内の展示を一点ずつゆっくり鑑賞するべきかといえばそうでもなく、早歩きで回ったほうが「コレだ！」と思える作品に出会えることだってあります。

同じ作品でも、気持ちにゆとりのある日曜日に見るのと、仕事始めで疲れた月曜日の夜に見るのとでは、まったく違う印象を受けるかもしれません。

芸術は、自由に感じるものです。

意味はわからなくても、一流のものに触れることで、自然と感性は磨かれていきます。

だからぜひ、これから家を建てようという方は、少しでもたくさんの芸術に触れてほしいと思います。

著名な建築家の写真集を見るのもいいですし、日本家屋の魅力が載っている本もいいでしょう。

先日もホテルのラウンジに世界中のおしゃれな家の写真を集めた本が置いてあり、とても参考になりました。

美術館に行ったり本を探したりするのが難しい場合は、一流ホテルに行くと、一流のものに触れられるはずです。ラウンジでコーヒーを飲んだり、ロビーを散策したりしながら、内装や調度品を眺めてみましょう。

長い間、愛されつづけているものは、普遍的な美しさがあります。


「こんな家に住みたいな」

「自分の家なら、こんなふうにしたいな」

そんなワクワクした気持ちを育んだうえで、建築家と話してみてほしいのです。

せっかくのオーダーメイド住宅だからこそ、妥協することなく、家を建ててもらいたいと私は思っています。

③ 3 建物は施主と建築家の「共同デザイン作品」

一流の建築家は、自分の作品づくりのために依頼を受けることはありません。

もちろん、これまで手がけた建物は、どれも我が子のように可愛いでしょうし、魂を込めて設計するのがプロの建築家といえます。

その一つ一つの建築物は、施主と一緒に作り上げたものであり、施主の要望と、建築家のデザインを融合させた結果生まれた、世界でたった一つの芸術作品でもあるのです。

私も「建築は施主と建築家で共に作り上げていくクリエイティブ作業です」というスタンスを最初にお伝えしています。

しかし、なかには「お金を払っているのだからすべて私の言う通りにして欲しい」という方や、それとは正反対に「すべてお任せします」とおっしゃる方がいます。
でもそういうスタンスではなかなか良いものはできません。

建築家とは、与えられた条件の中で、施主のイメージを最大限に表現するのが仕事です。土地なり、予算なり、そこに暮らす家族構成や望むライフプランなりを総合して、限られた条件の中で一つの作品を作り上げます。

私の場合、〝施主との共同デザイン〟をするために、次のような質問を施主に投げかけています。

①家族構成と、家族一人一人の今後のライフプランを教えてくださいますか？
②10年後、20年後、30年後はどのような住宅が望ましいと思いますか？
③家づくりにおいて、重視する点は？（例／家族団らんができる、個が尊重される）
④住環境において、重視する点は？（例／敷地を有効利用したい、採光がほしい、通風など快適性を重視したい）
⑤近隣環境との共生や緑の多い家にしたいなど、外環境における希望はありますか？

⑥生活の機能性はどの程度優先したいですか？（例／水回りは２階に欲しいなど、主婦〈または主夫〉の動きやすさを追求）

⑦災害と安全性についての考えをお聞かせ願えますか？

⑧どのような設備が必要ですか？

⑨省エネ化やシックハウス対策をどこまで徹底しますか？

このような質問をベースに初期設計を進めて、気になることがあれば、その都度、意見やアイデアを取り入れ、設計をしていきます。

③

4 デキる建築家は施主の理想を現実化する

建築家は個性派揃いといわれるように、実にいろいろなタイプがいます。職人タイプの人もいれば、芸術性にこだわる作家タイプの人もいますし、話の上手い人、口下手な人、聴く耳が持てる人、人の話を聞かない人などさまざまです。当然ながら、設計の傾向も違ってきます

長年、私が建築家として意識していることは、与えられた要望をいかに咀嚼《そしゃく》して、施主の理想を現実に近づけられるかということです。

それは建物自体に限ったことではなく、資金面でもリーズナブルなご提案をすることが、プロの建築家の仕事だと私は思います。

最終的に建築家を選ぶのは、施主です。

そのときに一番重視されるのは、人間性ではないでしょうか。

どんなに優れた設計をする人であっても、「俺が作ってやった」という態度を取られたら、施主としては気持ちよくありません。

自分が儲けることばかり考えている人も、信用に値しませんね。施主が「この建築家だからお願いしたい！」という思いの中には、絶対にその建築家の人間性への評価が含まれているはずです。

私の場合も、いかに付加価値を提供できるかを常に考えています。例えば、機能性やデザインの細かなところ、かゆいところまで手が届くような設計をしたり、ちょっとしたところにオリジナリティを出すようにしたり。ほかには、施主に煩わしい思いをさせぬよう配慮したりと、設計以外の部分にも力を注ぐようにしています。また、私の職業は建築家ですが、社員を抱える会社経営者でもありますから、事務所や店舗を設計する際は、会社の経営も踏まえた、お客様に喜んでもらえるプランニングができます。「住宅ならこの工務店」、「大型施設ならこの工務店」など、ディレクター的な立ち位置で作業を進めてゆきます。

奇抜な建物を作るのだけが建築家ではありません。その建物が、１００年、２００年と残り、後世にわたっても普遍的に愛され、親しまれるために、自分の〝どの強み〟を活かすか？　それを追究することが建築家の使命といえるのです。

③ 5 どんなデザインも建築基準法のうえに描かれる

「あれ？　こんなはずじゃなかったのに！　完成した我が家を見て愕然とした」

そう話してくれたのは、15年ぶりに新たに土地を購入し、住宅の建築依頼をしてくださったAさんでした。

Aさんは15年前に、建売住宅を購入しました。

契約時は更地でしたが、モデルルームを見学したり、契約時に完成図と各階の平面図を見せられたりして、一応は納得して購入に踏み切ったそうです。

しかし、いざ数カ月後に完成した家を見て、冒頭のように驚いたといいます。

図面上では一見、それなりの広さがあるように見えた間取りは、ぎちぎちに部屋を詰め込んだ印象を受けたそうです。

また、北側斜線や道路斜線との制限の影響で、２階、３階の北側の天井が斜め天井になり、圧迫感は想像以上だったといいます。

外観も図面上では確認していましたが、外観パースは20メートル先から見た家の外観を絵で表現していたため、いざ完成した家を見ると、道路や隣近所から受ける圧迫感も相当なものでした。

そんな事情で、「今度こそ理想の住まいづくりを」と私のところに来てくださったのです。

ここで大切なことがあります。それは、どんな建物を建てるにも、建築基準法があるので、１００％施主の要望を取り入れることができない場合があるということです。

日影規制、道路斜線、隣地斜線といったものもあり、建蔽《けんぺい》率、容積率（次ページ参照）が変わってくることもあります。

土地によっては、その街独自の条例があるなど、建物一つ建てるにも、たくさんのルールがあるのです。

こうした知識を得るだけで、土地探しの手法も家を建てるときのスタンスも大きく変わってくるのです。

不動産会社でも建築基準法の説明義務がありますから、土地を検討する際に、ある程度の情報を得ることができます。ここでは「どんな建物も建築基準法のうえに建てられる」ことを覚えておきましょう。

建蔽《けんぺい》率　Building Coverage Ratio（BCR）

敷地面積に対する建築面積の割合。建物を仮想の水平面に投影したときの床面積を建築面積といいます。用途地域との組み合わせによって、30~80％の範囲で指定されます。建物を建てる際には、建蔽率の範囲内で建築しなければなりません。

容積率　Floor-Area Ratio（FAR）

延べ床面積の敷地面積に対する割合。延べ床面積とは、建築物の各階の床面積を合計した面積のことをいいます。用途地域との組み合わせによって50~１３００％の間で指定されます。例えば、土地面積１００平米、容積率２００％の場合、最大で延べ床面積２００平米までの建物を建てることができます。

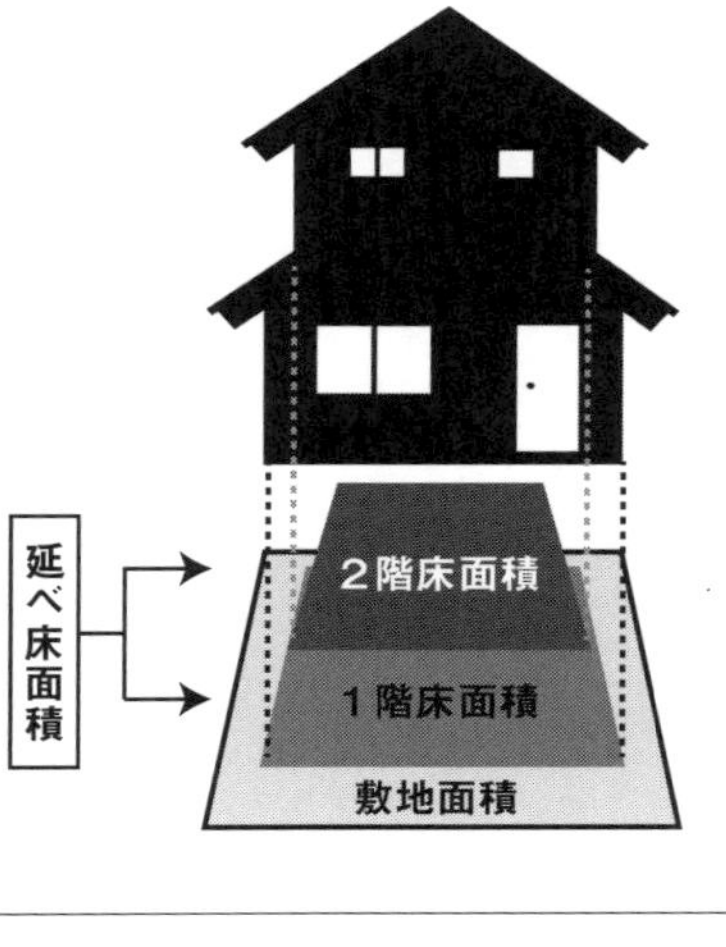

③ 6 一流建築家は施主に何度でも〝夢〟を見せる

建築家が一番初めにやること——それは施主の〝夢〟を聞くことです。

どんな建物にしたいかという〝夢〟に耳を傾けるのです。

恐らくこれが、施主とのファーストコンタクトになるでしょう。

もちろんこちらからも、過去の施工例やイメージ写真を見ていただいたり、家づくりの進め方を説明したりします。


後日、そのヒアリングをもとに、現地調査や役所調査をして、まずはざっくりとした基本設計プランを数パターン作成して、施主さんにお見せします。

図面、イメージボード、パーススケッチ、模型等、あらゆるツールを活用して、イメージをお伝えします。

パース（鳥瞰図）一つとっても、白黒とカラーでは印象が違いますし、さらに模型になると空間イメージも湧きやすいため、ぐっと想像力も膨らみます。

なかでも打ち合わせの際に、施主に最も喜ばれるのは、要望を聞いてその場でイメージ通りのスケッチを描き起こせたときです。

建築家の中には、こうした施主への〝伝え方〟がとてもうまい人がいます。図面だけで施主を夢中にさせる。そんな建築家もいるほどです。

打ち合わせを数回重ねれば、概算の見積もりも提示できますから、コストも含んだ家づくり全体のイメージを掴んでいただけるかと思います。

家づくりは、施主にとっても、建築家にとっても、長期間にわたるドリームプロジェクトです。

共に想像し、意見し合い、夢を見て家を建てる共同作業ですから、プランニングの段階で「何か違うな」と違和感を覚えた時点で、率直に意見を言ったほうが、お互いにとってプラスになります。

もし、プランニングの段階でワクワクしないような建築家なら、別の建築家に依頼することをお勧めします。

建築家の仕事は、この段階では〝施主に夢を見せること〟だからです。

③ 7　家は100年、街並み1000年！

建築されてから数百年を超える建物が、日本はもちろん、海外にも数多く存在します。歴史ある建造物や神社仏閣などは、築1000年以上に及ぶ場合もあります。

日本で古くからの街並みというと、京都が人気です。

素人目には、同じような建物が続いているだけにも感じますが、実はこの類似則（詳しくは163ページ参照）こそが、景観には欠かせない要素なのです。

ヨーロッパの街に並ぶ石造りの住宅も同様、この類似則による統一感が街並みの美しさを作り上げているといっても過言ではありません。


なぜ、長い年月を経て今もなお風化せず、美しい街を織りなす建物であり続けられるのでしょうか？　その答えは、自然の力の活用にあるのではないかと私は考えています。

例えば、ヨーロッパの石造りの住宅に使用される自然石は、風化するのに数千年から数万年の年月がかかるといわれています。漆喰（石灰）は長い年月をかけて石灰岩になるので、耐久性は半永久的。つまり、石造りの建物は朽ち果てることがないのです。

昔の日本家屋も自然に則した作りをしていました。

昔の日本家屋は、基礎や柱はヒノキ、梁《はり》はマツ、床はサクラなどと、使い分けられています。

ヒノキは身を守るための防虫成分を何百年にもわたって出しつづけるうえに、頑丈なため基礎構造に最適ですし、マツやサクラなどは人の身体に優しい木材といわれています。

100年、1000年続く建造物を見てもわかるように、自然の力を活用して作られた建物は、幾世代を経てなお美しく残ります。

建物は個人の所有物ではありますが、しかし同時に〝街〟そして〝歴史〟を構成する景観の一部としての公共物でもあるのです。

現在日本にある情緒ある街並み、例えば鎌倉、金沢、白川郷、川越、銚子といった地域は、戦火や災害、開発を逃れた地域でもあります。

国宝や指定文化財となり得る遺産も残っている地域です。

災いのない縁起の良い地域ですから、環境を保持するための条例も、若干、厳しめな地域であるのが特徴です。

あなたの建物が〝街と歴史を作る〟。そんな日が、いつかやってくるかもしれません。

③ 8 自分の作品にこだわり過ぎる建築家は敬遠すべき

最近では、インターネットで建築家の紹介サービスがあったり、地域の建築設計事務所協会等で斡旋したりと、建築家を探しやすくなってはいるようです。

しかし相性が良いと感じる建築家にめぐり会えればいいのですが、一度で出会えるとは限りません。


プロの建築家として、施主のイメージを具現化するコーディネーターとなるのが私たちの仕事ですが、なかには、自分を前面に出し過ぎてしまう建築家もいるようです。

ここでは、よくある施主と建築家とのトラブル例を挙げたいと思います。

なかでも建築家側にトラブルの原因があるケースを紹介したいと思います。

トラブルその①：自分の意見を押しつけ過ぎる

施主の意見を取り入れず、「建築とはこう」「こうあるべき」と主張し威圧感を与え、まともにコミュニケーションを取らぬまま、一方的に施主を押し切ってしまうタイプの建築家がいるようです。

トラブルその②：デザイン優先で機能性が落ちる

建築家の中には、自分の作品づくりだと思って、家づくりに取り組んでいる人がいます。そのため、デザインばかりにこだわり、機能面をまったく無視した設計を行う人もいます。特に、世界的なコンペティションに作品を出しているような建築家の中には、その傾向が強い人がいるようです。

トラブル①は、自分の個性を施主に押しつけてしまうことに原因があり、トラブル②は、クリエイター志向が強すぎるがゆえ、機能性を無視してしまうことに原因があります。

いずれにせよ、施主の要望を聞き取り、受け入れ、それを具現化できない建築家では、この先何十年も住む家を共に作るパートナーとしては、ふさわしくないと判断すべきです。

前にもお伝えしましたが、最終的に施主は、人間性で建築家を選びます。

一生に一度の大きな買い物です。

妥協すれば後悔が待ち受けているだけですから、「この人」だと思える建築家との出会いを探し求めましょう。

③ 9 建築家とじっくり向き合って相談することが大切です

「こんなに何度もやり直しをお願いして申し訳ない」

そう心配そうにおっしゃる施主がいますが、とんでもありません。

ご納得いただけるまで、いくらでもプランニングするのが建築家の仕事です。

不思議なことに、一つアイデアが出ると、続けて二つ、三つ、ポンポンとアイデアが浮かんでくるものです。

一カ所気づきを得たら、ここも、あそこもと変更点が出てくるのです。

私の場合、ラフの段階から一案ではなく数案、準備します。そして平面図が固まったあとも、収納やインテリアの色や形まで、幾度となくご提案させていただきます。

なかには、「本体（家）に予算をかけたいので家具は量販店で買う」とおっしゃる施主がいらっしゃいます。

しかし既製品の家具はなかなかぴったり収めることが難しい場合があります。

こんなときはあらかじめ言っていただければ、建築に携わる大工に安価でサイズぴったりの家具を作ってもらうことが可能です。

家具職人に頼むよりかなり安く、しかもジャストフィットなものを施してくれるのです。「これは予算外かもしれない」などと決めつけずに、「とりあえず見積もりだけしてもらう」「とりあえず相談してみる」くらいの軽い気持ちでご要望を伝えていただきたいのです。

ご希望のすべてに応えられるとは限りませんが、建築家は家づくり全般において、みなさんよりも知識や経験、情報がありますから、何らかのお役には立てるはずです。


さて、家具のような細部から外観にいたるまで、建築家にはさまざまな要望をぶつけていただきたいのです。どうか時間と手間をたっぷりとかけてください。

設計から完成まで早くても1年、本当に納得のいく建物を作るなら、2年は期間を見ていただいたほうがいいかもしれません。建物が大きかろうと、小さかろうと、一つの建物を建てるには、それくらいの時間をかけなければ良いものは作れません。

「早く新しい自宅に住みたい!」という気持ちはわかりますが、その先、何十年も暮らすことを考えれば、たった2年です。

建築家にオーダーメイド住宅を頼むのであれば、そのくらいのスパンを考慮しておくといいでしょう。

コラム

なぜ建築家は金閣寺がダサいと思うのか？

建築家の職業病の一つに、いろいろな建物を見て、「これは良い造作だ、これは悪い造作だ」と勝手に判断するという癖があります。

意外なことですが、日本でもトップクラスに有名な建物で、小学校の教科書にも出てくる金閣寺を、まったく評価しない建築家が結構います。どうやら、その理由は金閣寺の成り立ちに由来するようです。

金閣寺は室町幕府三代目の将軍、足利義満が自分の財力や権力を対外的にアピールするために建てた別荘といわれています。ですから、建物の外観からも成金趣味がプンプン匂ってきます。足利義満の自己顕示欲や野望が建物からにじみ出ていることに、建築家なら気づくのです。

ちなみに、金閣寺は作られてから何度も焼け落ちています。現在の建物は、江戸時代の建築様式といわれています。近年では１９５０年に大谷大学の学生がその美しさに嫉妬し、火を付け、本人は自殺未遂をしています。

何度も焼け落ち、その度に建て直されたおかげで、現在ある金閣寺は建築様式がバラバラ。つまり、ごちゃまぜの建物になっています。全体に統一感がないことは、プロの目から見れば火を見るより明らかなのです。


一方、多くの日本人が好きな建物の一つに、607年建立の法隆寺があります。この建物は、現存する世界最古の木造建築物です。推古天皇の時代に、聖徳太子が亡き父のために建てたといわれています。豪族同士の争いを止めさせ、仏教信仰を広める目的で作られました。さらに天皇の病気が治るような祈願も込められていたそうです。


建物を見ているだけで、病気平癒の願い、争いごとの抑止、そして平和の祈りが伝わってくる——それが法隆寺です。

どのような思い、理念のもとに建てられたか？　それは家を建てる場合でも、商業施設・文化施設を建てる場合でも、とても大切なことなのです。

あなたも切なる思いを、限りない愛をご自身の建物に吹き込んでください。

4

設計は大手企業より地元の建築家に頼め

4

1 地元密着企業は悪い噂を立てられない

高木滋生建築設計事務所は、今年で創業56年を迎えます。

当初は新宿に事務所を構えていましたが、地元・静岡に事務所を開設してから数えると、今年2019年で51年目に突入です。

ここまでどうして続けてこられたのか……。

一つには、父がその礎《いしずえ》を築いてくれたことが大きいのですが、その他の理由として考えられるのは、誠実さを大切にしてきたからかもしれません。

「誠実」とは、「嘘をつかないこと」にあると私は思います。

大手企業の場合、監督責任は会社にあるため、一社員が最終的な責任を問われることはありません。

しかし、私のような地元密着の小規模な事務所で信頼を裏切る行為を犯せば、その噂はあっという間に広がります。責任の所在も常に明らかで、すべて我が身に降りかかってきます。

設計監理の中での失敗は、いくら注意していても生じるものです。そんなとき、私にできるのは、問題の本質を見抜き、お客様ときちんと向き合い、責任を持って誠実に対応することだけです。

企業規模が大きくなると、縦割り組織になる傾向があるため、場合によっては対応まで時間を要することもあります。その点、私のような小規模な事務所では、すべて自分で行わなければならないため、即時対応が可能なうえ、責任の所在も明らかになります。

だからこそ、誠実に、丁寧に向き合うことしかできないのです。そうした姿勢の積み重ねが50年という歳月を超えた事務所の存続にも関係し、仕事の依頼や継続にもつながっている気がしています。

このように地元で何十年も頑張っている建築家や工務店が日本中のあちこちに存在しています。彼らはみな、信用を守り、顧客のことを第一に考えて生き残ってきた業者ばかりです。

世帯こそ小さいものの、彼らは信頼に値する存在であることはいうまでもありません。一つ一つの問題を誠実に解決してきた――そんな彼らを信用して、ぜひ一度、住まいに関する相談を持ちかけてみてほしいと思うのです。

4

2 地元企業ならアフターケアもばっちり！

「我が家の担当者が地方に転勤になってしまった」

全国展開している大手ハウスメーカーでは、急な転勤に伴う担当替えといったことが起こりがちです。

しかし、私たち地元密着企業には、当然のことながら転勤がありません。

そのため、二代目、三代目と代替わりすることはあっても、その地にはずっと存在します。

過去から現在にいたるまでの地域に関する情報を持っているだけでなく、地元の人とも深くつながっているため、地域の特性や土壌など、建築するうえで役立つ、住環境に関わる細かな情報にも長けているのが特徴です。

全国展開の企業では真似できない地域に根差したアフターケアこそ、地元企業に依頼する最大のメリットといえるかもしれません。

お客様からの電話一本ですぐに対応しますし、現場にも駆けつけます。

何かトラブルが起きた際には瞬時の行動が不可欠ですから、フットワークの軽さも地元の業者の持ち味といえます。

設計依頼が来て、家を建てたから「はい、おしまい」ではなく、家が完成してから、本当の意味でお客様とのお付き合いがスタートすると考えています。

大手企業では、何をするにも上司の許可を得る必要があるうえに、部署同士の垣根といった問題もあるため、トラブルへの対応が遅れることが起こりがちだといいます。

公共機関などで開催される無料相談会の相談員を行うと、顧客側から「完成後のクレームには対応してくれない」といった相談を頻繁に受けます。そのほとんどは有名企業です。

建築家は設計者であり、施主の立場に立ち一緒に家を作る、第三者的な存在です。工事を行い、実際に家を施工するのは、あくまでも工務店です。

しかし、建築家として設計段階から携わり、工事が始まっても全体を見渡す立場として建設に関わる私たちは、絶えずその場にいますし、何か問題が起きても公平なジャッジができるため、責任の所在を明らかにすることが可能なのです。

大手ハウスメーカーの場合、一般的にアフターサービスは10年が標準ですが、私たちはリミットを設けず、半永久的にサポートを続けます。

一生ものの家を建て、生涯サポートし続ける――。そういう気持ちでお客様の笑顔とご縁を大切にしながら、60年、70年と続く事業を目指していきたいと願っています。

4｜3 完成保証制度や瑕疵担保保険制度があれば事業者が倒産しても安心

地域密着型の建築設計事務所は、そのほとんどが、中小企業、零細企業です。

「そのような小さな会社に依頼して、万一、工事の途中で事業者が倒産してしまったら、住宅は完成するのだろうか、追加費用がかかるのではないか……」と不安になるのも無理はありません。

実は、仮に事業者が倒産してしまったとしても、お客様の負担を最小限に抑えるための制度が国によって整えられているのです。

「住宅完成保証制度」という制度があります。これは、事業者倒産などにより工事が中断した場合、工事の引き継ぎなどにより追加で発生する「増嵩《ぞうすう》工事費用」や前払い金の損失の一部を保証してもらえる制度です。

また、「住宅瑕疵《かし》担保履行法」という法律があります。これは、住宅引き渡し後10年の間であれば、たとえ事業者が倒産しても、住宅に瑕疵、つまり欠陥が見つかった場合、保証金で修理費用をカバーできる法制度です。

住宅事業者の中でも、工事請負業者および住宅販売会社は、住宅瑕疵の保証を行うための保険加入が義務化されています。

建築設計事務所には、上記制度に関連する保険への加入は義務づけられておりませんが、自主的に加入しているところもあります。そのようなところに依頼すれば、万一の倒産リスクに備えることができるでしょう。

一方、住宅業者側の保証リスクを軽減する保険も存在します。

私の建築設計事務所は、倒産の予兆は今のところありませんので、住宅完成保証のための保険や瑕疵担保保険ではなく、建築家賠償責任保険（略称：建賠《ケンバイ》保険）のみに加入しています。

こちらは、建物の引き渡し後、設計ミス等による損害賠償が発生した際に、その賠償金をカバーしてくれる保険になります。

余談ですが、私は過去に一度、この建賠保険に助けられたことがあります。

ある共同住宅の設計監理を行うことになった私は、施主の代理人と名乗る、不動産コンサルタントと仕事をすることになりました。

プランニングから契約まで、その代理人が施主の代わりにすべて行っていたのですが、終始、難癖をつけるようなところがあったのです。

「変わった代理人だな」と思いながらも、工事が終了。ホッとしたのも束の間で、代理人は「施工に不備がある」ことを理由に、弊社への監理料と工事請負会社への未払い金を「払わない」と言い出したのです。その額は、数千万円にも上りました。

ここで弊社と請負会社で、全額支払うように裁判を起こしました。裁判には延べ8年を費やしました。

詐欺師まがいが相手ですから、普通は勝訴しそうなものです。しかし、このときは本当に運が悪かったとしか言いようがありません。その住宅のある地域で前代未聞のゲリラ豪雨が発生し、想定外の床上浸水が起こってしまったのです。

結局、裁判所の判決により弊社は敗訴し、約８００万円の損害賠償金を支払うはめになってしまいました。このとき、「建賠」が下りたというわけです。

このように、巨額なお金が動く不動産業界では、建設依頼主と住宅業者、その双方を守る制度がきちんと整えられているので、ぜひご安心いただきたいと思います。

4　建築設計事務所なら工事費、材料費の明細が詳細に出る

高額な買い物をするときは、得てして、金銭感覚が麻痺しやすくなります。

スーパーやドラッグストアで買う日用品であれば、「あれが安い」「こっちのほうが得だ」と感覚的にわかると思います。

しかし、高額な買い物では、トータル額ばかりに目が行きやすくなり、その内訳にまで意識が届かない傾向があります。

特に車や家などは、最初からパック価格になっていることも多く、オプションを追加することで上乗せする金額はわかっても、元値の内訳を知りたいとは思わないのかもしれません。

しかし、実際はドア一つとってもいろいろな価格帯のものがありますし、登録料や保険料、予定工事日数を推測したうえでの工賃など、細かな費用がかかっています。

そうした詳細についても、建築設計事務所なら、見積もりの段階で工事費、材料費の明細を詳細に出すことが可能です。

これに対して、ハウスメーカーの見積書は実に簡潔です。

ハウスメーカーの見積書だと、主要な項目だけをリストアップするのがせいぜいです。例えば、「本体工事費用」なら、本体（家そのもの）とオプション、の2項目のみ。「付帯工事費用」であれば、「地盤」「電気」「ガス」など主要工事・主要設備のみの項目が並ぶような感じです。

我々のような建築設計事務所から依頼されて工務店が出す見積書には、「内訳明細書」というさらに細かい明細が添付され、そこには通常、主要項目の下に、数十個から１００個近い小項目が並びます。

工事の工程ごとの費用と、使用する建材及びその費用もすべてリストアップされるため、項目数が非常に多くなるのです。

では、なぜハウスメーカーと建築設計事務所でこのような違いが生まれるのでしょうか。そこにはカラクリがあります。ハウスメーカーの場合、たとえ注文住宅であっても、あらかじめ決められた独自の規格の範囲内で住宅を作ります。きちんと利益を確保したうえで、この予算の住宅ならこの建材を使ってこの仕様で作る、という商品規格がすでに定められているのです。

規格の中で収まる仕様の住宅を建てることが前提なので、例外的なコストなどは通常想定されていません。

また、広告宣伝費なども上乗せされているため、純粋な工事費、材料費、とは異なります。そのすべてを詳細にお客様に打ち明けることは、まずあり得ません。

そういうわけで、彼らにとっては、詳細の明細を出す理由がないのです。

一方、我々のような建築設計事務所が取り扱うのは、すべてが「特注品」です。作業工程一つ一つに材料費と工事費が積み重なるのをイメージしてみてください。

設計事務所の仕事は図面を作り、工事のプランニングを行うことです。実際の工事は工務店が行います。私たちは、どの建材を使って、どのような工事を行うか、といったプランを工務店に伝え、それを元に見積もりを出してもらいます。

この工務店の出す見積書が非常に細かくなるのです。工務店は全工程で発生する費用をそれぞれ算出し、その仕事の損益分岐点を計算したうえで、我々に見積書を出す必要があるためです。

ほとんどの設計事務所で、このような理由で発生した詳細な見積書を、そのままお客様にお見せしているはずです。

建築会社の言い値ではなく、自分でもコストを検討してみたい、という方はぜひ設計事務所に依頼し、詳細な明細書を元に交渉してみることをお勧めします。

[redacted]見積書

記号	名　称	仕様・形状寸法	数量	単位	単　価	金　額		摘　要
A	共通仮設費		1.0	式		2,808,000		
B	建築工事	延床面積228.21m2 (69.0坪)	1.0	式		76,765,000		
C	電気設備工事		1.0	式		3,075,000		
D	給排水・衛生設備工事		1.0	式		3,190,000		
E	空調設備工事		1.0	式		2,555,000		
F	接続部改修工事		1.0	式		1,742,000		
G	諸経費		1.0	式		9,365,000		
	合　計					99,500,000		
	消費税	8%				7,960,000		
	総合計					107,460,000		

[redacted]

1

某氏邸の増築見積書（意匠）の一部

[redacted]見積書

記号	名　称	仕様・形状寸法	数量	単位	単　価	金　額		摘　要
3	排水・通気設備工事							
	排水用ビニール管	VP-100	35.0	m	1,340	46,900		
	排水用ビニール管	VP-75	4.4	m	910	4,004		
	排水用ビニール管	VP-65	9.9	m	600	5,940		
	排水用ビニール管	VP-50	15.0	m	465	6,975		
	排水用ビニール管	VP-40	4.4	m	335	1,474		
	排水用ビニール管 継手接合材		1.0	式		16,100		
	塩ビ製小口径桝	COM100-150 300H	3.0	ヶ所	7,190	21,570		
	塩ビ製小口径桝	COM100-150 400H	2.0	ヶ所	7,570	15,140		
	塩ビ製小口径桝	COM100-150 500H	1.0	ヶ所	7,970	7,970		
	塩ビ製小口径桝	COM100-150 600H	1.0	ヶ所	8,360	8,360		
	塩ビ製小口径桝	COM100-200 1350H	1.0	ヶ所	15,700	15,700		
	支持金物		1.0	式		5,400		
	配管工事費		1.0	式		117,000		
	既設配管接続費		1.0	式		56,000		
	申請手続費	下水	1.0	式		56,000		
	根切り埋戻し		1.0	式		55,000		

[redacted]

66

某氏邸の増築見積書（電気・機械）の一部

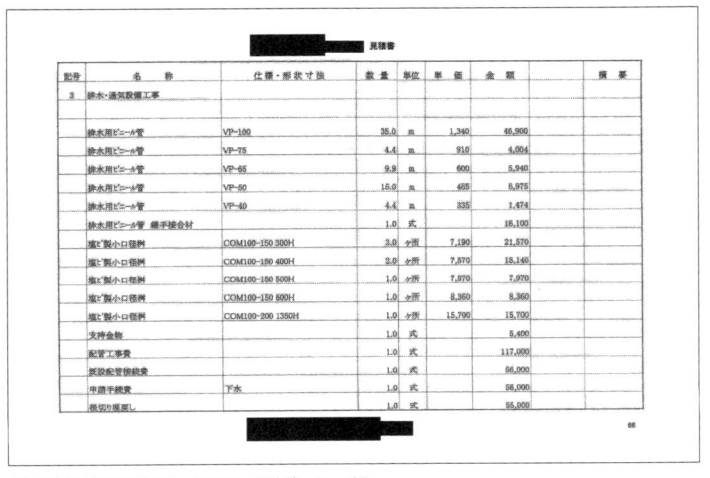

4-5 施主にとって不利益なことも正直に話してくれる建築家を選べ

施主とのトラブルで一番多いのが、「お金」の問題です。

当初、1000万円でできると思っていた工事が、完成してみたら倍の2000万円かかったとなれば、〝騙された〟と疑いを持たれても不思議ではありません。

「そうなるとわかっていたなら、どうしてもっと早い段階で言ってくれなかったのか」

施主側がそう思うのは当然です。

費用が増額になるなら、それがわかった時点でお伝えすべきですし、増額をしても決行するのか、多少、仕様を落としてでも予算に合わせるのか、施主と相談のうえ、ふさわしい対応が必要になります。

お金の問題の次に多いのが、「工期のズレ」です。

大幅な遅延は、お客様に多大なご迷惑をおかけすることになります。

工事中は、予期せぬことが幾度となく起こります。それこそ、小さな問題から大きな問題まで、連続で多発することもあるのです。

小さな問題ですぐ解決できることであればいいのですが、大きな問題に進展し、それを施主に相談しないままにして、後日発覚すれば、たとえ解決していたとしても、別の大問題に発展する可能性があります。

施主にとって不利益だと感じる事例が発生した時点で、それまで築いた信頼関係が揺らいでしまうのです。

ですから、いかなる状況でもきちんと報告し、誠実に問題を解決していくしか方法はありません。

こちらに非がある場合は、特にです。

問題の大小を問わず、誠意を持って対応すれば、大概の施主は前向きに検討してくださいます。

最近では、建築基準法違反の施工不良物件が発覚した株式会社レオパレス21の問題や、油圧機器大手メーカーKYB株式会社とその子会社による免震・制振装置の検査データ改ざん問題など、世間を騒がせ大きな社会問題となった事例がいくつか浮上していますが、企業のコンプライアンスが強く求められるようになった昨今ならではです。

一方、建設業界はまだまだ古い体質が残っていますので、入札問題など、慣習的に良かれと思っている商行為が実は法に違反しているケースもあります。

問題は、小さいうちに解決に努めるのが一番です。そのためには、たとえ施主にとって不利益なことも、気づいたらすぐに打ち明け、打開策を提案できるような建築家でありたい。そう思って日々の仕事を務めています。

4―6 建物を建てる地盤にも良し悪しがある

マイホームのトラブルと、切っても切れない関係にあるのが地盤の問題です。

地盤とは、家を建てる土地のこと。

例えば、弱い地盤の上に家を建ててしまうと、将来的に家が傾く恐れがあります。そうすると、窓やドアが開きづらくなったり、基礎や外壁にひびが入ったりするのです。

さらには、隙間風や傾きが生じることで、人によっては体調不良に陥ることもあるといわれています。

もう一つ、地盤に関するトラブルで多いのが、地盤沈下です。

地盤沈下は地震によって引き起こされるものと考える方がいるようですが、その原因は自然由来のものから人為的なものまで幅広く、沈下の程度も大小さまざまです。

一見して気づかないレベルの地盤沈下でも、放置しておくと軟弱地盤同様、壁やタイルに亀裂が生じたり、窓やドアの開閉に不都合が生じたりすることがあります。

やはり、傾きなどによる健康被害の原因にもなり得るでしょう。

地盤調査を怠って、建物を建てたあとに問題が発覚した場合、部分的に補強できたとしても、多額の費用がかかります。

どれほど建物の耐震性能が高くても、地盤に問題があっては、安心して住むことはできません。

実は地盤に関するトラブルのほとんどは、適正な調査や地盤に関する知識で回避できるものばかりです。

建物と土地は1セットで考えるべきもの。

だからこそ、地盤調査をしっかり行う必要があるのです。

任意調査ではあるものの、やっておけば信用につながるため、私は必ず地盤調査、液状化調査を行っています。

そのぶん、費用はかさみますが、何かあったあとでは手遅れですから。


土地を選ぶ際は、地盤の強度をきちんと確認することをお勧めします。それは建売住宅でも同様です（建売住宅で地盤調査をしっかり行っているかどうかは疑問ですが）。

私のように地方で長く営業していると、近隣のデータが集めやすいですし、ボーリング調査員とも親しい関係にあるため、地盤のデータを入手しやすいという利点があります。

地盤の強度のことを考えずに土地を購入してしまい、予定外に地盤改良の費用がかかったため、建築費を削減せざるを得なくなり、最終的に当初の計画より狭い坪数のマイホームを建てることになったケースもあるようです。

あなたも他人事だと思わず、地盤トラブルに巻き込まれぬようご注意ください。

コラム

沼や池がつく地名の場所は地盤がゆるいことがある

２０１１年3月11日に起きた東日本大震災以降、湾岸地区に住む人たちを中心に、「液状化」に対する懸念が高まっているのではないでしょうか。

また、２０１５年に横浜で起きた「傾きマンション」の報道からも、地盤の大切さを改めて感じられた方が数多くいると思います。

一般的に、地名に「水」とか「沼」、あるいは「さんずい」の漢字が使われている場所は、昔から地盤がゆるいことがあります。

例えば首都圏でいえば、津田沼、池上、芝浦、などがそれにあたります。

読んで字のごとく水気の多い地盤で、そのような土地に建物を建てる際は注意が必要です。

通常、設計の段階で「ボーリング調査」または「サウンディング調査」という地質調査を必ず行います。

「ボーリング調査」とは、その地盤がどの程度ゆるいのか、上から重りを落として強度を測る調査です。主に、ビルのような大型の建物を建てる際にこの方法で調査します。

「サウンディング調査」とは、負荷をかけながらロッドをねじ込んでいき、地層の固さを確認する調査です。主に、住宅建設の際に用いられる方法です。

地盤のゆるい場所に建設する場合、これらの調査を敷地内の複数箇所で実施します。

事前に調査をしっかり行い、地質改良工事をすることで、地盤のゆるい場所にも液状化や地盤沈下の被害を受けにくい建物を建てることができます。

ただし、その調査や工事の費用は施主の負担になります。新規に建設する場所を選ぶ際は、あらかじめその土地の地盤に関する情報をできる限り収集しておくことをお勧めします。

とはいえ、必ずしも地名だけでは地質改良工事の必要性を推測できない場合もあります。

例えば、遺跡が出てきてしまうケースです。

弊社が手がけた静岡市内の特別養護老人ホームの土地には、深さ1・5メートルのところに、なんと弥生時代の水田跡がありました。

地質調査をしてみて発覚したため、それはそれは驚いたものです。

この土地自体を文化財として保護する必要が生じたため、深さ1・1メートルまでしか掘ってはいけない、杭と杭の間を6メートル確保する（支持杭）という行政指導が入りました。

必要な本数や長さなどは、構造設計者を交え、地盤の強度に応じて算出します。その工事費用は施主の負担となってしまいます。

予期せずして遺跡が出てきてしまったせいで、金銭的負担は増えてしまいましたが、この施主は、「歴史ある地に自分の建物を建てることができて、ラッキーだった」とポジティブに考えておられました。

5

良い建築家、悪い建築家を見分ける10の質問

5-1 一生で一番高い買い物で100%満足するために

本章では、あなたが家を作るときに頼むべき建築家を見分ける「視点の持ち方」をお伝えしたいと思います。

良い建築家選びのコツを一言でいうと、その建築家の意識がお金のほうを向いているか、お客様を向いているかを観察することです。

利益重視の建築家は、お客様の希望をあまり聞こうとしません。

自分の価値観を押しつけ、とにかく早く契約を締結し、早く家を完成させたいという姿勢が見られます。

なぜかというと、工期が短いほどコストが圧縮できるからです。

さらに、お金のほうに意識が向いている建築家は、会話が否定的です。

「これはできない」「あれはできない」などと、予算がかかることや面倒くさいことは、すべて「できない」の一点張りで済ませようとします。

専門家なのに、専門的な質問をしても答えません。

顧客満足に心を砕くより、ビジネスに走るがゆえ、建築に関する勉強がおろそかになっているのかもしれません。

それとは逆に、信頼できる建築家は、会話が提案型です。
「何とかしましょう」「一緒に考えましょう」と言ってくれます。
予算的に不可能なことにも、代案を出してくれます。
知識、経験、アイデアが豊かな建築家は、とても説明が上手です。
これは、注文住宅を作るたびに、成長を重ねている証拠です。
さらに、お客様の買い物が、一生で一番高い買い物だと知っているからです。

もう一つ、良い建築家をもっと簡単に見分ける方法を教えましょう。
あなたが仕事を頼みたい建築家の事務所を訪問すればいいのです。
その事務所の雰囲気にセンスがなかったら、頼まないに越したことはありません。

また、建築家の服装も要チェックです。
服装には、その人のセンスが表れます。

スーツやネクタイのデザイン、靴が擦り切れていないかなど、細かな部分もしっかりチェックしてください。

さあ、いかがでしたか？

予算もクリアし、良い建築家も見つかりました。

次は、安くて良い家を作るためのアクションです。

5-2 途中で予算が積み上がることはありますか？

あんな建物にしたい、こんな内装にしたい……。家やお店を新築しようと思い立った当初は、とてもワクワクすると思います。

しかし、いざ建築設計事務所やハウスメーカーを訪れると、少しシビアな真剣モードにならざるを得ません。

そう、この段階で「お金」の問題が浮上するからです。

あれもこれも追加したい、できる限り理想の世界観を表現したい、と望む一方で、予算には上限があるため、だんだんと気弱になってしまうこともあるでしょう。

ハウスメーカーが手がける既製品から選ぶのであれば、予算通りに収まるかもしれませんが、我々設計事務所が手がけるのは世界に一つの建物です。

オーダーメイドですので、予測できないことがどうしても出てきます。

そうなると、当然、途中で予算が積み上がることがあります。


建築家は、施主の納得いく設計をしながら、同時に予算を超過しないようにしなければなりません。

しかし、頭ごなしに「無理無理」「ダメダメ」と断る建築家は、一流ではありません。

「あれもこれもいいですよ」と施主に叶いもせぬ夢を見させる一方で、次から次へと予算を積み上げて、ギリギリまでローンを組ませる建築家も良心的ではなく、失格です。


経験を積んだ建築家であれば、予算に応じた素材が浮かんだり、代案を思いついたりしますし、リーズナブルな価格でも引き受けてくれる工務店との付き合いもあるでしょうから、限られた予算の中で最適な提案ができるのではないかと思います。

例えば外壁についていえば、タイルを張るか、あるいは一般的なサイディング※にするか、といった選択肢がありますが、これらの値段は大きく異なります。

床なら、フローリングにしたいがちょっと高い、という場合、塩化ビニル系のCF（クッションフロアー）シートを提案する、などの減額案を提案することができます。

経験豊富な建築家であれば、工事請負者と一緒に知恵を絞り、施主が望む予算内に抑えることが可能です。

私たちの経験からも、予算をオーバーしたお客さまが良い顔をされることはほとんどありません。せいぜい予算の1割超過で、渋々同意してくれる程度です。

ましてや2〜3割の予算超過をご納得いただけることは、まずあり得ません。

施主を不安にさせずして、お得感や満足感を与えることができる建築家こそ、良い建築家といえるでしょう。

※サイディングとは？
一般的に、セメントやセラミック等を素材として、工業製品化された外壁材を指します。

5 3 こんな家作れますか？

多くの方にとって、家の購入は人生の中で「一番高い買い物」です。

しかし、建築業界に携わっていなければ、何から何まですべてが初めての体験です。

どのような家を建てたいのか、漠然とした理想像はあっても、具体的なイメージを持っている方は、そう多くはいらっしゃいません。


先述の通り、理想が漠然としているお客様には、雑誌の切り抜きをお持ちいただくことをお勧めしています。

私たち建築家は、理想や夢を具現化していきますが、やはり言葉だけでなく、視覚的にわかる写真や絵などをご提示いただけると、よりイメージしやすくなるからです。

それにもかかわらず、施主からイメージ画像を見せられても、自分の構想ばかり語り、施主の要望に快く対応してくれない場合は、その建築家との契約自体を考え直したほうがいいでしょう。

施主の住宅、あるいは店舗であっても「自分の作品」という意識の強い建築家は、そのプライドから施主の希望する設計を渋る傾向があります。

ただ、「自分の作品」という意識が強い建築家であっても、それが施主の好みと一致してさえいれば、一概に「悪い建築家」とはいえません。

そのあたりはもう、相性の問題です。

人間ですから、相性の合う、合わないは当然、起こり得る問題です。

少しでも相性の良い建築家を探す手がかりになるのは、その建築家が過去に手がけた建物を見ることです。まずはホームページの写真で確認し、実際に足を運ぶのがお勧めです。思い切って、そこに住んでいる人に住み心地や評判を聞くのもいいでしょう。

明らかに自分の好みではないなと感じたら、その建築家とは相性が悪いかもしれません。私も住宅設計を手がける際、過去に設計した家まで施主を連れて行き、実際に見ていただくことがあります。

インターネットの普及により、今はいろいろな情報が入手しやすい時代です。

建物全体や内装のテイストについて、こと細かなイメージを共有できるほうが、私どもにとっても仕事がしやすいと感じます。

例えば、和風なのか洋風なのか、洋風といっても重厚なアンティーク調なのか、あるいは、ナチュラルな北欧系なのか……。

〝当たり〟の建築家は、まず、施主が遠慮せずにそれらのご要望を伝えられるよう、話しやすい雰囲気を持っているものです。

面倒くさがらずにしっかりと話を聞いてくれて、なおかつ、その実現を一緒に考えてくれる建築家であれば、良い建築家である可能性が高いでしょう。

5 4 できるだけ安くしてもらえますか？

限られた予算で建物を作るのは、実に大変なことです。

特に、土地から購入して、建物を建てるのであれば、それ相当の費用がかかります。

お金に余裕があればいくらでも設計に凝ることができますが、限られたお金であれば、その中でやり繰りをするしかありません。

住宅でも店舗でも共通することですが、建築物には、最低限必要な機能があります。その必要最低限の機能を確保するために、他の部分にかかるコストをカットせざるを得ない場合があります。

全体的にあまりにも極端なローコストを希望される場合、そもそも建築家がお引き受けすることはできません。

相場の半値とはいわないまでも、仮にお客様が総予算の40％減を提示された場合には、いくらコストカットに苦心しても、現実的にはかなり難しい旨を正直に伝えます。

また万一、総予算を坪数で割った金額が、希望する条件を実現するために必要な坪単価を大幅に下回った場合は、建物の面積を減らす、つまり坪数を減らすか、壁材・床材などの仕様を大きく変更する以外に方法はありません。

細部の調整では間に合わないことがほとんどだからです。

そうした場合は、「それでもいい」とおっしゃっていただけない限り、設計をお引き受けすることはできないのです。

とはいえ、どんな施主であれ、できる限り余計なコストは抑えたいと考えるものです。

そんなとき、予算の範囲内で「安かろう悪かろう」ではなく、低予算だからこそ、ありとあらゆる知恵を振り絞り、その中でも最高のものを施主に提示するのが良い建築家です。

悪意を持って粗悪な素材を用いるような建築家がどの程度いるかわかりませんが、経験が浅いことから、コストパフォーマンスの部分を苦手とする者も中にはいるのでしょう。

ほかにも、コミュニケーションを取っていて、質問に明確に答えようとしない、施主の提案をすぐに却下する、といった雰囲気を感じたら、最善を尽くしてくれる建築家を探したほうが賢明です。

良い建築家は、円滑なコミュニケーションを大切にします。

そして、どんな場合においても、前向きな検討をしてくれるものです。

予算がないなら「ない」と素直に打ち明けることができ、予算内に収まりそうにない場合には、無理をしないよう提案してくれる建築家は必ずいると思います。

遠慮せずにコストカットの相談ができる建築家こそ、経済環境の厳しい今の時代に求められているのではないかと思います。

5

5　いつまでなら設計を変更できますか？

設計が決まり、いざ工事が始まる段階になっても、「本当にこれで良かったのかな？」と施主が不安になることは、珍しいことではありません。

建築家である私でさえ、「もっと最良のプランニングがあるのではないか」と、竣工ギリギリまで頭を悩ませることがあります。

建築家ならともかく、図面だけではイメージが抱きにくいのは、一般の方であれば当然です。

では、不安が生じたり、変更を思いついたりした場合、いつまで設計の変更は可能なのでしょうか。ここではその問いにお答えしたいと思います。

建物が完成するまでには、構想から始まり、基本設計→実施設計→建築工事と順序を経ていくのですが、早期であればあるほど、当然変更はしやすいです。

基本設計では、施主とのイメージ共有を主に行います。

仕上表、平面図、立面図、断面図、外観スケッチ、間取りなどを大まかに作成しながら、空間の利用方法を決めていくのです。

この段階では、何度でも変更が可能です。

施主の理想に近づくまで、建築家と二人三脚でプランニングしていきます。


実施設計では、詳細に図面を起こします。

構造計算、設備設計図の作成などを行っていますので、部屋の間取り変更など抜本的な変更をするには、かなりハードルが高くなります。

変更は無理ではありませんが、相当の時間もかかりますし、設計変更に伴う費用も発生する可能性があります。


実施設計が完了し、行政からの建築確認が下りて、いよいよ建築工事が始まってしまった段階での抜本的な変更は、相当難儀であると心得ていただきたいものです。

もちろん可能な範囲での変更はできますが、実施設計の段階以上に、時間とお金がかかります。

各種申請、届出など、役所に提出した書類の変更も必要になり、法令を遵守しているかどうかの検討も振り出しに戻ります。

そういう事態を招かないためにも、基本設計の段階で、曖昧にせず詰めるべき部分はトコトン詰めることが大切です。

良い建築家は、基本設計の段階でお客様の心にしっかり寄り添い、施主が口頭で説明した要望以外にも、建物の使用目的に合わせた潜在的ニーズまで配慮した提案を行います。

保育園での例を挙げますと、0歳から2歳の幼児はあまり動かないので、通常1階の日当たりの良い場所に部屋を設けます。そして動きが活発になり、行動範囲も広がる3歳から5歳の子どもの部屋を2階に配置するのが、保育園でのオーソドックスな設計です。

以前、弊社では、この定義とは真逆の施主の希望通りに図面を起こしたのですが、最後の最後で作り直しになり、大きな変更が生じてしまったことがあります。

いくら施主がそう言ったからとはいえ、やはり建築は基本設計が大切だと改めて痛感した出来事でした。

こういった教訓から、私はその建物を使用する場面をなるべくリアルに描くようにしています。

加えて、施主が希望する間取りであっても、過去の経験上、何か不具合が生じる危険性があれば、可能な限りお伝えするようにしております。

基本設計の段階で変更を渋る建築家や、施主のご機嫌を取るばかりで、実際の使用状況を一緒に考えてくれない建築家には注意が必要です。

5｜6　納期（工事）を早めてもらえますか？

「駆け込み工事」という言葉を聞いたことがありますか？

駆け込み工事とは、増税前など少しでも税金が安いうちに工事を終わらせるために、急いで仕事をすることを意味しますが、それ以外にも、工期を早めてほしいという依頼を受けることがあります。

例えば、固定資産税は毎年1月1日の土地評価によって決まり、自治体によって異なりますが、4月～6月に固定資産税評価額を記した納税通知書が送られてきます。

更地だと100%課税されますが、上に住宅が建っている場合には、例えば200平米以下の部分は6分の1、それを超える部分は3分の1の評価額で済むといった特例措置（下表参照）が設けられているため、施主としては少しでも税金を安くしようと考えて、「年内までにお願いします」と頼まれることがあるのです。

ご要望をいただければ、できる限りの対応策を検討して、予定通りに工事を進めていきます。竣工が遅れることはごくまれにありますが、ほとんどの場合、予定通りに工事を完了させます。

人間ですから、材料や商品を間違えることだってありますし、施主の希望が変わるということも、決して珍しくないからです。

工期に間に合わせることは契約上、もちろん大切なことですが、それ以上に安心・安全が担保されなければなりません。

なかでも躯体に関する工事にはある一定の期間がかかり、短縮はかなり難しいものです。

例えば鉄筋コンクリート造であれば、配筋→型枠→養生などの工程

区分		固定資産税	都市計画税
小規模住宅用地	住宅用地で住宅1戸につき200m²までの部分	価格×1/6	価格×1/3
一般住宅用地	小規模住宅用地以外の住宅用地	価格×1/3	価格×2/3

に、どうしても時間を要すからです。

一方、内装工事であれば、人手を増やすなどして、工期の短縮化が図れます。

「じゃあ、最初から工期を長めに設定すればいいのに」と思われるかもしれませんが、これまでの経験上、工期に余裕がありすぎると、現場がだらけて別の問題が発生することがあります。

逆に、短い期間で集中して工事を進められるかというと、やはり突貫工事ではのちのちのトラブルの原因にもなりますので、いかなる場合でも、適切な工事期間をいただきたいというのが本音です。


ですから、施主から「納期を早めてもらえますか?」という要望があった場合、優良な建築家なら、できることとできないこと、あるいは、やめたほうがいい理由などをまず明確にしたうえで、「可能な限り検討します」という答えが返ってくるはずです。

その返答が最も現実的であり、また誠実なものでしょう。

また、現場の増員などがある場合、施主に追加費用が発生するのかどうか、発生するならどのくらいかという点についても、事前にしっかり教えてくれる工務店は良心的です。

ここで、リスクやデメリットの説明なしに「できますよ!」と安請け合いしてしまう工務店は要注意です。

「できる」と言った手前、社員を働かせるだけ働かせた挙句、工事が雑になる。それによって説明されていなかった追加費用が発生するなどのトラブルが起きる可能性があります。

逆に、「できません」一点張りの工務店もどうかと思います。

いくら現実がそうであったとしても、そういう態度では施主の心に寄り添う姿勢が感じられません。

いくら無理のあるプランでも、できる限りベストを尽くそうとしてくれる工務店に、施主は任せたいはずです。


このように、納期の短縮は一筋縄ではいかないところが往々にしてあります。

先行投資した額を一刻も早く回収したい商業施設や店舗であればなおのこと、税金対策をしたいというお気持ちは、とてもよくわかります。

もちろん私の事務所でも極力検討いたしますが、住宅の場合は一生の買い物です。

急いで作って多少の税金を浮かせるよりも、ご自身やご家族にしっくり来る家を、じっくりと丁寧に作り上げたほうが、施主の人生全体としての豊かさと幸福度が上がるのではないか、と私には思えてなりません。

5-7 あとから増改築できますか？

増改築を相談されて、「NO!」という建築家はまずいないと考えられます。

もちろん、建築基準法の観点から、あるいは、物理的な問題から好き勝手に増改築できるわけではありません。

しかし、増改築自体がまったくできないということはあり得ないですし、建築家は、それならぜひお手伝いさせていただきたい、と考えるはずです。

この場合、建築家の善し悪しが分かれるのは、将来希望通りの増改築が容易にできる設計になっているのか否か、という点です。

それには、最初のプランニングにすべてがかかっています。

住宅に関していえば、10年後、20年後、30年後で施主の家に対するニーズが変わります。

・子どもが受験の年頃になったら、これまで間仕切りのみで確保していた勉強スペースを、きちんとした個室に改装する。

・両親の介護が必要な時期になったら、二世帯住宅に改築する。
・老後はバリアフリーの設計にする。

このように、人生のステージに合わせて住まいの設計を変えていくのは、ごく自然なことです。

良い建築家は、お客様がどのような人生プランをお持ちなのか、最初にきちんとお伺いします。目先の理想を叶えることに留まらず、何らかの形で増改築できるように、設計に柔軟性を持たせておくものです。

もちろん、物理的に可能なことと不可能なことは、すべて計算しておかなければなりません。

増築といっても既存の建物に隣接させるのか、または階数を増やしていくのかでは大きく異なります。

隣接して増築する場合は、敷地に余裕さえあれば、比較的容易に行うことができます。

一方で、階数を増築していく場合には、かなりハードルが高くなります。

設計当初から階数の増築を前提としていれば、比較的スムーズに行うことができるかもしれません。

また、最初に建物が完成したときから、階数を増築するときまでには、建築基準法が改正されていることがあります。新法の建築基準法に当初プランニングした建物が合致していないと、新法に合わせなければならず、かなりの大仕事になります。

構造においても、将来の荷重と工事費を可能な範囲で先に計算しておくことが望ましいでしょう。

このように、増改築を想定する場合、将来起こり得るさまざまな環境変化も考慮に入れて、プランニングを行うのです。

将来の増改築をさまざまな視点からシミュレーションできない建築家に依頼するのは、お勧めできません。

できる限り要望をストレートに伝えてみて、設計に柔軟性を持たせることのできる建築家なのかどうかを見極めましょう。

5 8 住宅設計は得意分野ですか？

快適な家庭生活を営むためには、キッチンなどの水回り、空調、電気設備などの使い勝手が非常に重要です。

とはいえ、一番気になるのはやはり価格ですよね。

キッチンやユニットバスなど、設備に関してはピンキリなので一概にはいえませんが、一般的には総工事費の30％ほどで計算します。

つまり総工事費が1億円であれば、配管、空調、換気などを含めた電気・機械設備工事費は、約３０００万円が目安になるということです。

ここで、理想的な設備が予算の範囲内でスムーズに設置できるかどうかは、建築設計事務所の次の二つのポイントをチェックしてみるとわかると思います。

一つは、その建築設計事務所が住宅設計を得意としているのかどうか、という点です。

私の建築設計事務所も当てはまりますが、オフィスビルから戸建て住宅まで何でもこなす会社があります。一見オールマイティーかもしれませんが、その中でもどちらかというと得意、どちらかといえば不得意、といった分野があるものです。

家全体の中でこの設備には最もこだわりたい、というものがあれば、まずはその設計事務所の過去の実績をよく調べてみましょう。

また、その事務所の建築家の話をよく聞き、住宅の設備関係を得意としているのかどうか判断してみてください。

一般的に住宅の建築家であれば、最新の設備機器、人気のブランド、比較対象商品などの知識とおおよその金額は頭に入っているものです。

それだけでも、ある程度スムーズに話は進められます。

もう一つの判断基準は、女性的なセンスがあるかどうか、です。

今の時代、家事は女性だけの仕事ではないとはいえ、水回り等の設備にこだわるのはまだまだ女性のほうが圧倒的に多いからです。

もし、女性的なセンスが備わっている建築家なら、こんな会話が交わせるでしょう。

「あの輸入メーカーはお洒落だけど、日本人にはちょっと使いづらいですよ」

「子どもの手の届かないところに収納できますよ。このスペースは整理整頓に便利ですよ」

「リーズナブルな価格ですが、料理好きなあの海外セレブの豪邸でも使われていますよ」

住宅設計は、女性の意見を取り入れるほどスムーズに進むといわれています。

施主がご夫婦であれば、奥様の心を掴める建築家が、比較的人気が高いようです。

ですから、日頃から私の建築設計事務所のスタッフたちには、常に最新の情報に対してアンテナを張るように、加えて女性的なセンスを磨く努力をするように伝えています。

また、施主と一緒に展示場に出向き、実際に触ってみてから設備を決めていただくこともあります。スタッフ自身が展示場で勉強してくることもあります。

施主の本当のニーズに応えるということは、それを実際に使用する人がどう感じるかを大切にするということです。その感性を磨く努力を怠らない建築設計事務所であり続けたいと、私は常に願っており、今後も邁進していくことをお約束させていただきます。

5 9 ローンや借入について教えてくれますか?

おそらくこの分野は、建築家や建築設計事務所が最も不得意としているところだと思います。

我々の業務は、設計監理をすることであって、ローンの計算や税法などは専門外となるからです。

このあたりについては、大手のハウスメーカーなら組織力でバックアップしていくので、銀行の借入まで面倒を見てくれるのではないかと思います。

では、個人の建築家ではどう対応するのか。

私の場合は、取引のある銀行や、その道に精通する知人や友人をご紹介することもありますが、お客様から要望があれば、私自身が直接お力添えするケースもあります。

私は建築家になる前、事業収支に関わる業務に関わっていたこともありますし、ファイナンシャルプランナーの資格も取得しているため、少なからず知識は持ち合わせています。

しかし、本業は建築家ですから、やはりプロの方のようには施主のお力になれないこともあるでしょう。

では、施主がローンや借入について相談したいとき、どのような対応をしてくれる設計事務所が良い設計事務所といえるのでしょうか。

それはやはり、どこまで親身になって最善を尽くそうとしてくれるか、に尽きると思います。

知識や経験がないなら、ないなりの努力、というものがあるはずです。

建築家の仕事の範疇ではないにせよ、もし施主がお困りであれば、積極的に専門家を探し、紹介して差し上げればいいのです。建築設計事務所は、普段から信頼のおける専門家を数人抱えておくべきだと私は考えています。

不動産に関連するローンはいろいろと複雑です。

例えば、不動産投資ローンと住宅ローンは異なります。事業に対する融資の場合、採算性が重視され、融資審査時の提出書類も非常に多岐にわたります。

また、借入を起こして賃貸併用住宅を建てたい場合、相続税対策で事業用物件を建てたい場合、などと個々のケースによって、さまざまな異なる手続きがあるものです。

これら個別の案件についての借入・返済プランは、やはり、税理士やファイナンシャルプランナーが専門とするところです。

餅は餅屋、で良いのです。

私も多少の金融の知識を持ち合わせているので簡単なアドバイスはするものの、やはり最後は専門家の意見を必ず聞いていただくようにしています。そこに至るまでのロードマップを描いて差し上げるのが、私にできる精一杯のことです。

このときに「専門外だから」と施主を無下にあしらうような設計事務所は、施主へのサービス精神が欠けているのではないかと感じます。他の面においても、自分の利益や保身を優先し、施主の希望は二の次、ということがあり得ます。

5

10 借入のための仮設計をすみやかにやってくれますか？

建物を建てるうえで気になることの一つは、金融機関からの融資を受けられるかどうか、ではないでしょうか。実際、多くの方は、金融機関からの融資を希望されます。注文住宅や収益物件の場合、融資の審査を受けるには設計図面を提出する必要があります。この借入のための仮設計図面をすみやかに出してくれる建築家や会社なのかどうか、を気にされる方がたまにいらっしゃいます。

私の設計事務所においては、求められる図面の完成度にもよりますが、融資担当者を納得させるための仮の図面をお渡しすることは可能です。

ここでも、柔軟に対応してくれる会社と、そうでないところに分かれると思います。

施主にとって、今このタイミングで融資を受けられるか受けられないかは、その後の運命を左右する大問題です。

例えば、「あそこの駅前の土地を買って賃貸用住宅を建てたい」というときに、融資がなかなか決まらないと、その土地が売れてしまうことがあるからです。

私は、施主の夢を応援したい、という気持ちが強いので、できる限りご希望に合わせるつもりではおります。

しかし、図面を作成する作業というのは、たとえ「仮」の設計であっても、それなりの労力がかかることです。

まず建物が法規に違反していないかを徹底的に調べ、設計のプランを立て、敷地を実際に見に行きます。その後もう一度、設計プランを見直す……という作業を行うので、なかなか即座に、というわけにはいかない事情もあります。

この作業を行うにも人件費が発生しますので、有料でなら引き受ける、あるいは「難しいですよ」「時間がかかりますよ」と渋る建築設計事務所もあることでしょう。

多くの業者にとって、まだ建築設計の契約を結ぶ前段階での作業となるため、慎重にならざるを得ない部分はあるのでしょう。

なぜなら、仮設計だけで施主に逃げられてしまうリスクがあるからです。

ただ、このような場面でフットワークの軽い柔軟な対応をしてくれる建築設計事務所こそ、施主にとって信頼に値するでしょう。また設計事務所にとっては、施主からの信頼を獲得することにより、その後スムーズにご依頼いただけるという側面もあります。

そうした経験から、施主を喜ばせ、その心意気に惚れさせることのできる建築家こそ重宝される、と私は考えています。

5 11 一案だけではなく、複数案の設計を用意できますか？

たいていのみなさんは、「初めての家づくり」を経験することになります。「家づくりは5度目です」なんて方はめったにおられません。

ですから、「どんなお住まいを希望していますか？」と施主に尋ねても、うまく言葉に出てこないことは、往々にしてあります。

どのような家を建てたらいいのかまったくイメージが湧かず、「とりあえず高木さんに任せるから、外観デザインから間取りまで全部プランニングしてみて！　その設計をベースに考えて、あとで希望を伝えるね」と言われた方もいらっしゃいました。

そのときに私は、数パターンの設計を準備しました。

なぜなら、一案よりも、数案から比較検討してもらったほうが、施主の意向を掴みやすいからです。

良い建築家であれば、施主の希望があろうと、なかろうと、最初から複数案出すものです。

仮に、10人の建築家がいて、同じ敷地に対してプランニングをしたら、すべて違う案が出てきますし、数案提出するとなると、20通りにも30通りにもプランは広がるでしょう。

そのため私はいつも、少なくても二案以上の設計案を最初から提出するよう、心がけています。


ただ、完全にお任せでは何も浮かびませんから、プランがない施主には、こちらからいくつかの質問を投げかけ、デッサンを始めます。

例えば、リビングを1階にするのか2階にするのか、という選択肢があるなら、窓からの眺望を優先するなら2階、オーソドックスな間取りにしたいなら1階、というように、施主のニーズ、ならびに“wants”を絞り込んでいき、数案に限定していきます。

また、敷地が広ければ、パターンは無数に作ることができます。

しかし、敷地が狭ければ、建築基準法の点から、選択肢は自ずと狭まるものです。

比較的多数の案を出すことが可能な場合、対極的な二案を中心に、微妙に違うパターンのものを複数用意します。ここでも、施主の求める設計にあたりを付けながら、絞り込んでいく作業を行います。

前述の通り、基本設計の段階では、いくらでもプランニングを変更することが可能です。万が一、案を複数出して、どれも施主のお気に召さなかった場合、施主の理想に近づけるため、何度でも案を出し直します。

しかも、何度目であっても、施主が方向性を決めやすいような厳選された案を出すようにしています。

施主に「私が求めていたものはこれだった!」と思わせる案を出せる設計を成してこそ、プロの建築家といえるでしょう。

コラム

建築の力で「健康になる家」「頭の良くなる家」もできる

最近は空前の健康ブームといわれています。しかし、どのような方法で健康になるのかは、人によって大きく嗜好《しこう》が分かれるところです。

農薬や化学肥料を使わない野菜を好み、適度に身体を動かす習慣を大事にしている人がいるかと思えば、栄養ドリンクやサプリメントを多用して「自分は健康を意識している」と信じている人もいるでしょう。

建築物でも同じことがいえます。

かつての日本の家屋は、寒冷地を除いて、冬の寒さよりも夏の暑さ対策に重点がおかれていました。建材には木、土、草などの自然素材を使用しており、近年問題視されているシックハウスとは無縁のものでした。

特に現在と大きく異なるのは、室内の空気循環です。

昔の家は床下空間、和室と和室をつなぐ間仕切り壁の隙間、そして1階の天井と2階の床の間にある空間などから風が流れ、家全体を空気が循環する造りになっていました。

現在の家屋の設計は、高気密・高断熱性であり、室内は密閉されています。そのため、強制的に機械で換気を行うアクティブ空調に頼っています。熱効率が良いため、確かに冷暖房機器の省エネには適しています。

しかしながら、近年酷暑が多いとはいえ、めまいや貧血、さらに熱中症などが以前にくらべて著しく増えているように感じます。

これは、アクティブ空調に頼りすぎる生活がもたらしたものかもしれません。樫野紀元著『面白いほどよくわかる建築』（日本文芸社刊）によれば、私たちの体表には暑いときに汗が出る能動汗腺があり、その数は、日本人が約200万個、ロシア人は約180万個、フィリピン人は約220万個といわれています。過度のアクティブ空調に晒されつづけると、能動汗腺が減少する可能性があるそうです。人間も自然界の生き物であることを忘れてはなりません。

現在の住宅を、過去のオール自然素材に戻すことは困難ですが、やはり自然素材や昔ながらの家屋の考え方などを、できる限り取り込みたいと私は考えます。

また、今と昔の住まいの違いは子ども部屋にも表れています。

現在の我が国は少子高齢化が進んでおり、女性の生涯出生数が一・四人強。二人には遠く及びません。

宮脇檀建築研究室著『宮脇檀の住宅設計テキスト』（丸善出版刊）によれば、現代では、子ども部屋を「単独」で設計するケースが圧倒的に多いそうです。

しかしながら、子どもたちの知力は、閉ざされた子ども部屋で本当に養うことができるのでしょうか。幼児たちは、身のまわりのすべてのことを吸収し、頭をフルに使って環境への適応を学んでいきます。

遊びたい年頃、家族の近くで愛情をいっぱい受けたい年頃の子どもたちを隔離し、机の上だけで勉強をさせるのはいかがなものかと思います。

ある時期までは、子ども部屋を他の生活空間と一体化して作っておき、子どもが成長するに従って、仕切りをあとから追加できるような設計も、オーダーメイド建築の力で可能となります。

「家族全員が、心身共に豊かな人生を送ることができる家」

新築を建てる際、リノベーションを考える際には、そんな家づくりを意識して設計を依頼することをお勧めします。

6

集客が10倍になる店舗デザインと業績が上がる社屋の設計

⑥ 1 建物は用途ごとに機能性とデザイン性が必要

建築物の設計において、何よりも優先されるのは、何だと思いますか?

それは、「建物の機能性」です。

デザインよりも、「機能性」を優先するのが一般的です。


機能性とは、〝施主がその建物に何を望んでいるか〟ということから生起します。ですから、まずは施主の要望を聞くところから設計は始まるのです。

機能性は、単なる使い勝手だけではなく、そこを利用する人々の心理状態をも逆算して考慮に入れます。


例えば歯科医院を設計する場合は、患者さんが少しでもリラックスできる空間をイメージする必要があるでしょう。

同じクリニックであっても、内科、産婦人科、小児科等、その診療科目によって設計は大きく変わってきます。

また、介護施設やオフィス、保育園など、それぞれの建物を利用する人々の年齢や心理状態は異なります。そういった条件を踏まえて〝機能〟を考えるのです。

別の業種の例を挙げましょう。日本料理店だからといって、高級感を前面に出し過ぎては、既存客すらも離れてしまう可能性があります。いくら店構えが良くても、お客様が入らなければ意味がありません。

ですから、高級感は出しつつも、気軽に入れる雰囲気づくりも考慮した設計で集客を上げるという方法を提案させていただくようにしています。

このように、その建物を使う人の心理に即した機能からデザインを考えること、それが建築家の仕事といえるのです。

⑥ 2 建物をリニューアルすれば新入社員がたくさん入ってくる

事業を行う経営者たちは、何らかのリスクを背負い会社を大きくしていきます。

人件費を増やし社員を増員するのも、事業を大きくするためです。

さらには借金をして社屋を建てるのも、事業を安定させるためです。


社屋は、会社の顔です。

外見の良い人がモテるのと同じで、会社のシンボルとなる建物を新しくすれば、入社希望者も必然的に増えます。

その理由とは、きれいな建物であることに加え、業績が良いイメージが伝わり、その会社自体に勢いが感じられるからです。


例えば以前、設計に携わったIT企業では、「とにかく社員が働きやすいことを重視した設計をお願いしたい」という依頼を受けました。

なかでも、オンとオフのメリハリがつくようなリフレッシュ空間を希望されたため、くつろぎの場やビリヤード場を設置するなど、社員が業務の合間にリラックスできるような休憩時間の過ごし方を提案したことがあります。

良い人材が集まれば、結果的に良いクライアントを獲得できます。

そうしたことをきちんと見据えられる社長は、空間づくりに資金を投入できるのです。

最近では、人手不足で新入社員が欲しいために新しいビルに移転するという会社もあるほどです。

それくらい建物が人々に与える影響は大きいものなのです。

古い建物より新しい建物のほうが当然気持ちがいいものですし、建物自体は古くても、屋内をリノベーションするだけで、新品同様の空間はいくらでも演出できます。

私がこれまで携わった案件でも、オフィスを新しくしたことで、社員のモチベーションが上がり、業績もアップした事例がいくつもあります。

⑥

3 新築同様の満足感を得られる「リノベーション」

「新しい家が良い家」とする〝新築至上主義〟は、時代の変化とともに廃れつつあるといわれています。

古い建物でも内装を新しくリノベーションして住みたいという需要が高いことからもわかるように、「無理して新築を建てなくても、新しい内装であれば新築同様の満足感が得られる」という消費者心理の変化が手に取るようにわかります。

新築の家を持つこと自体に価値があった時代は終わり、「私らしく暮らせる家かどうか」が、住まいに求められる時代となったのです。

そもそも「リノベーション」とは、何を指すかご存知ですか?

「リノベーション」と「リフォーム」の違いから、まずは説明したいと思います。

壁紙の貼り替えやシステムキッチン、ユニットバスの入れ替えといった小規模な工事を「リフォーム」と呼びます。

その一方で、間取りや水道管、排水管などを扱う大規模な工事を伴うのが「リノベーション」であると一般的には定義されています。

もっとわかりやすくいうと、新築時以下の性能になる工事は「リフォーム」、新築時と同等、もしくはそれ以上の性能になる工事は「リノベーション」に分類されます。

また、住宅にオフィススペースを設けたり、オフィスビルを住宅用に改修したりと、用途の大幅な変更が伴うリノベーションを「コンバージョン（変換・転換）」と表現することもあります。

最近、都内でも２０２０年の東京オリンピック・パラリンピックに向け、リノベーションをして準備を進めているホテルが多いですし、一般家庭においてもＤＩＹを用いたプチリノベーションを個人で行うことが流行しています。

また、若い年代の人たちにとっては、〝シェア〟が当たり前の時代になっているようです。シェアハウス、シェアオフィス、カーシェアリングなど、ここ数年で〝シェア〟のついた名称がずいぶん増えた気がします。

〝所有〟するよりも必要なときに最小限の費用で〝シェア〟するほうが合理的で経済的、という観念が根づいてきたようです。

「壊すよりも今あるものを有効に使っていきましょう」という社会的風潮が見て取れます。

建物もまたしかりで、壊すのではなく、古いものと新しいものを上手に混交した、自己主張がないようで、実は主張のある個性的な建物が人気を得ています。

殺風景なガレージの空間も、クラシックに、あるいはアーティスティックにリノベーションするだけで、アート感覚が漂う空間に変わります。

それだけで、集客が10倍上がったという事例もあります。

これまでに何度もリノベーション物件の設計を依頼されたことがありますが、新築とは異なり、既存のものを新たに生まれ変わらせる設計も、まったく別のやりがいがあり、楽しみながら取り組ませてもらっています。

実は今、この原稿をホテルのラウンジで執筆しているのですが、もしこのラウンジをリノベーションするとしたら、天井を思い切り剥がして、柱や梁《はり》、スラブ（床構造）を見せて、あえてゴツゴツ感を出してみたいな……なんてことを考えてしまいました。

もしこれが住宅であれば、壁や家具を木目調に統一し、和風にして柔らかさや優しさを演出してもいいかもしれません。

どこにいても建物のことが気になり、そのイメージは無限に膨らみます。これだから、建築家はやめられません。

⑥ 4 良いデザインの建物は街のシンボルになる

あなたの街には、印象的な建物や特徴的な建物が、どのくらいあるでしょうか？　都内や観光地では、思わずＳＮＳで自慢したくなるような、フォトジェニックな建物などがたくさん存在しています。

あるいは、どの街にもシンボルとなるようなデザインの建物が、必ず一つは存在しているでしょう。

しかしここで一ついえることがあります。

奇抜な建物を作ればシンボルになるかといえば、決してそうではないということです。ただ奇抜なだけでは、いずれ飽きられてしまうのです。

一方、普遍的な美しさを備える建物は、シンボルになり得るのです。シンボルとなる建物は、１００年経っても愛されつづけ、幾世代にもわたって受け継がれます。

街のシンボルになり得る建物には、「類似則」と「対比則」が必ず含まれています。

類似則とは、似たような建物がいくつも並ぶことを意味します。前章で述べた京都の街並みなどが、類似則のあるものにあたります。

一方、対比則とは、街の中央に教会やシンボルとなる大きな建造物を建て、その周囲に類似則で低層の建物群を配置することです。

ヨーロッパの街並みなど、美しいとされる街には、必ずこの対比則が存在しています。日本でも戦火や開発を逃れた場所に美しい街並みが存在するわけですが、制約がない地域では、低層、中層、高層の建物が混在しているため、美しい景観が守られないのです。

例えばアメリカのダウンタウンのオフィス街では、表通りを外れると商店街があり、その周りを囲むように住宅街が立ち並びます。そのように、街が放射状に広がっていくさまを「理想的な美しい街」と私は定義しています。

日本も戦前は美しい街を意識して作っていましたが、戦火によって焼けてしまったのち、美しさが失われた街も数多く存在します。

とはいえ、本来街とは、先に述べたような理想的な美しい街づくりを目指していくべきで、建物もそれに応じた設計をすべきだと私は考えます。

昔から伝わる日本ならではの美しい建物のように、何百年も愛され、大切にされる、街のシンボルとなる建物の設計に、これからも携わっていきたいと願ってやみません。

⑥ 5 企業哲学を表すオフィスビルの設計

あなたはご自分が所属する会社の企業哲学をすぐに言えるでしょうか？
たいてい、どの企業もミッション（使命）やビジョン（理想の姿・夢）、バリュー（価値観）といった〝企業哲学〟を掲げています。

私が企業の案件を請け負う際は、企業の理念、哲学をしっかりと頭の中に叩き込み、紙にペンで書き出し、心に落としてからラフデッサンをはじめます。

建物は企業の顔であり、企業イメージを大きく左右します。

「企業の理念を建物に宿らせる」

私はいつもそのことを心がけて設計しています。

企業理念も、ただそらで言えるだけでなく、その意味をきちんと理解しているのと、していないのではまったく違います。

あるデータによると、企業理念をきちんと理解している社員の多い会社と、そうでない会社では、業績に4倍の差があると聞いたことがあります。

それと同じで、建物にも企業哲学が込められているかいないかで、愛着も変われば、業績に影響することもあるでしょう。

オフィスビルを建築するとなると、何億、何十億という予算がかかりますし、当然のことながら、みなさん社運を賭けて依頼してくださいます。

企業によっては、社内プロジェクトチームを組み、設計に何年間も費やすという会社もあるほどです。

その後の業績を左右する一大プロジェクトですから、魂の込め方も自ずと違ってきます。

⑥ 6 思わず入りたくなる店はこんな顔をしている

もし、あなたが飲食店をオープンするなら、どんなお店にしたいですか?

和風モダンにしたい、大人の隠れ家的なバルにしたい、旬の食材を活かした創作ダイニングにしたいなど、さまざまなコンセプトがあるかと思います。

例えば〝和食をメインで〟というコンセプトが定まれば、自ずと外装も内装も日本風なものに近づけようとするのが、通常の経営者です。

店舗の設計で大切なのは、その店が何を売っているのかが明確にわかること、それでいて、雰囲気の良さを醸し出していることです。

和食屋なのにアメリカの国旗を掲げているアメリカンスタイルの派手な外観では、「ハンバーガーでも売っているのかな?」という印象をお客様は抱きます。

生パスタをメインとするイタリアンのお店の入口に蕎麦屋の暖簾《のれん》がかかっていたら、やっぱり違和感を覚えますよね?

お客様は、外観だけを見て、そのお店に入りたいか、入りたくないかを瞬時に判断します。

ですから、何のお店なのかが即座にわかり、入りやすい雰囲気の良い空間を提供することが、集客には欠かせないのです。

もう一つ気をつけたいのは、高級感を与え過ぎないことです。

お店のコンセプトとしてラグジュアリーさを強調したい場合もありますが、敷居を高くし過ぎることで、集客の幅を狭める可能性があります。

老舗高級店では「一見さんお断り」という営業スタイルを取るお店もありますが、それは顧客がしっかり付き、何カ月も先まで予約で埋まり、広告・宣伝費をかけなくても良いお店がやるから、それでも経営がうまくいくのでしょう。

利益を考えるのであれば、絶対的に損な営業スタイルです。

店舗設計をする際は、自分がお客の側に立った視点、思考を持つことが大切です。


「自分だったらどんなお店に入りたいか」

「どんなサービスがあったら嬉しいか」


自身をお客様だと思ってコンセプトを定めれば、どのような外観や内観が理想的か、イメージできるでしょう。

場合によっては外観と内観のデザインを不統一にしたり、あるいはお店のコンセプトとは相反するデザインにして、そのギャップの面白さを売りにする場合もありますが、その効果は一時的で長続きしない場合が多いようです。

マニアが対象であれば、一部のマニアにだけ受け入れられることがありますが、一般受けを考えるのであれば、断然、お店のコンセプト通りの店構えが好まれるでしょう。

⑥ 7 店内が見えることが最大の広告

静岡青年会議所（JC）でご一緒させていただいたことがあるYさんは、全国展開の料理教室のオーナーです。

Yさんは駅ビルやショッピングセンターの中に、テナントの一つとして料理教室（スタジオ）を設置していました。

アパレルブランドが立ち並ぶ中、仕切りのないガラス張りのオープンスタジオにして、ウィンドー越しに外から教室内の様子を見ることができました。おしゃれな雰囲気の料理教室は、街行く女性たちの視線を集めていました。

おしゃれなキッチンや棚を配置し、先生と生徒が楽しそうに料理をする姿がよく見えるというコンセプトを導入した結果、瞬く間にYさんの教室は日本全国に広がりました。

店内の明るく感じの良い雰囲気が外から見て取れる点が、最大の広告になったのです。

店内のレイアウト、音響、照明、空調などが、お店の居心地の良さを決める主な要因となります。

店員がいるレジ周辺だけに聞こえるようなBGMを流すより、音響まできちんとこだわり、お店全体にきれいな音でBGMが流れるようなスピーカーを設置したほうが、より高揚感が増します。

また、照明についても、落ち着きを求めるなら温かみのある暖色系を、きらびやかさを求めるなら白色をお勧めしています。

店内を見せるという料理スタジオの事例も、店舗デザインとターゲットのマッチングが成功したからこそ、全国展開に至ったのです。


料理教室に限らず、カフェなどでも、オープンテラスでカップルが楽しんでいる姿を見ると、「デートで来たいな」と思うように、普段とは違った異空間を外から見えるように演出することで、顧客の好奇心をくすぐったり、開放感を与えたりできるのです。

このようにターゲットが共感するような〝内側〟をまず作り、それを通りかかる人に見せるということがポイントになります。

それはもう「ショールーム」といっても過言ではないのです。

コラム

流行っている店は“椅子”のデザインにこだわっている

店舗設計に限ったことではありませんが、日本では、欧米で流行したものが、まずは東京で人気に火が付き、それが地方に広まっていく傾向があります。

最近ではSNS等により、瞬時に情報が行きかうため、どこに居ても情報をキャッチできる世の中になりました。ただ、そうはいっても、流行の最先端は大都市から始まることのほうが圧倒的に多いようです。

日本人の特性なのかもしれませんが、何かが流行すると、似たような商品がいくつも出回ります。

大量に出回り過ぎた途端、新鮮味もなくなれば、類似商品との違いもよくわからなくなり、あまりパッとしない時代遅れの商品になってしまいます。

だとすれば、何が最新トレンドなのかをいち早く察知し、取り入れることが、流行する店を作る決め手になります。

しかしここでいえることがあります。流行商品だけ取り扱えば集客できるかといえば、そうではないという点です。先ほどもお伝えしたように、流行商品はすぐに他店でも出回りますし、類似商品が次から次へと発売されます。

そうした中で、差別化を図るには、商品以外の部分が勝負どころになります。

〝どこにプラスαのサービスを見出すか〟です。

それは接客かもしれませんし、お店の雰囲気や清潔感といった、基本的な部分かもしれません。

私に関連する分野でいえば、デザインはもちろん、椅子一つまで気を遣うことが必要だと思っています。

椅子といっても、安物から高額なデザイナーズチェアまでさまざまありますが、高い安いの問題ではなく、そこに色濃く出るオーナーのセンスが問われるのです。

たかが椅子。されど椅子です。

細部まで気にかけることは、なかなかできることではありません。

商品はトレンドをいち早く取り入れ、店の外観に始まり、店内のインテリアのすみずみまでにこだわる。そんなお店であることが、ヒットし続ける条件だと覚えておきましょう。

7

住宅・企業・店舗・各種施設建築の具体例

7-1 本社ビルに表現した会社の思想（株式会社アイエイアイ）

静岡県静岡市（旧清水市）には、地元ではちょっとしたシンボルとして有名な、ある企業のビルがあります。

10階建てのビルの窓一面を利用して、「心」という文字が記されている建物です。東名高速道路や東海道新幹線からも目に入るため、他県から来てくださった方たちも注目してくれます。

それは、小型産業ロボット、特に単軸・直交ロボット製造において世界トップシェアを占める、株式会社アイエイアイ（ＩＡＩ）という会社のビルなのです。

ＩＡＩの石田徹社長は、地元・清水をこよなく愛する、熱血漢の経営者です。

私が父の事務所を継いで数年経った頃、思うように業績が伸びず悩んだことがありました。

そんなとき、父の代から30年来のお付き合いがあった石田社長から、たびたび懇切丁寧なアドバイスをいただきました。

また、人や地元を愛し、一貫性を大切にする石田社長は、清水の文化支援活動にも熱心でいらっしゃいます。

現在、ＩＡＩは地元のサッカーチームである清水エスパルスのクラブスポンサーとなり、選手たちがホームゲームで使用するスタジアムは「ＩＡＩスタジアム日本平」と名づけられています。

そんな石田社長からＩＡＩ本社ビル建て直しのお話がありました。

本来、大手ゼネコンが取り扱うような大きな案件を任された私は、日頃お世話になっている経営の大先輩からご信頼いただいたことを、とても誇らしく思いました。

「ひょっとしたら石田社長にとって、アドバイスを素直に聞く可愛い生徒だったのかも」と私は密かに思い、「ぜひ期待に応えなくては！」と胸を熱くしました。

石田社長から「〝心〟を表すデザインにしてほしい」というご要望をいただいた私は、人や地域を大切にする彼のお人柄を建物自体に表すことができたら……と考え、話し合いの中で「心」の一文字をビルの壁面に大きくデザインする、という斬新なアイデアをご提案させていただきました。

窓のフィルムの色を変え、採光のバランスを図る技術を用いたことにより、「心」という文字をビルに描くことができたのです。

石田社長は、大変、気に入ってくださいました。

東名高速道路や新幹線からも見えるシンボリックな建造物となり、住民たちに愛されるランドマークになったことが、何より地元第一である石田社長の心に響いたようです。

「心」の文字がデザインされた IAI 本社ビル外観

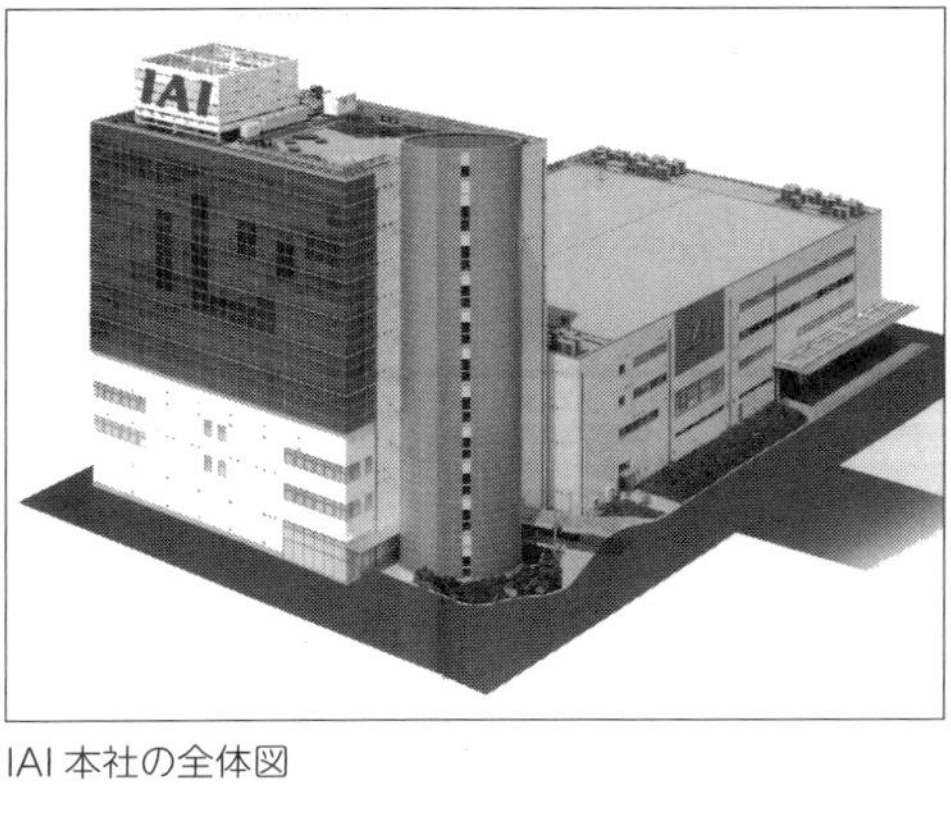

IAI 本社の全体図

7-2 デザインセンスで満室経営できるマンション（デザイナーズマンション事例）

賃貸マンションといっても、ワンルーム、夫婦二人向け、子どもを含めたファミリーユースなど、さまざまなタイプがあります。

また、賃貸マンションの安定経営に不可欠なのは立地です。例えばワンルームであれば駅近くや街の中心部が、ファミリータイプであれば住環境の良い立地が人気です。

しかし、少子高齢化が進む我が国では、総人口も減少傾向にあり、空き家が増える一方です。そんな時代にあっては、画一的なマンションよりも、夢を感じられる外観に仕上げられ、オーナーが愛着を持って管理する差別化されたマンションのほうが生き残っていけると考えます。

そんな差別化されたマンション、特に我々が携わるデザイナーズマンションについての事例を二つ紹介したいと思います。

一つは、比較的広い敷地ながら、間口が狭く奥行きが深い〝うなぎの寝床〟のような土地に建てるデザイナーズマンションでした。

ワンルームがあり、夫婦向けがあり、そしてファミリータイプもありという構成で、ファミリータイプはＲＣ造棟とし、ワンルームと夫婦向けは木造としました。外壁の色もパステルカラーを使い、木造棟は勾配屋根を利用してロフトを設けるなどして、若い層にターゲットを定めました。何よりの特徴は、敷地に建物を均一に配置するのではなく、曲線的に配置することにより、リズミカルでゆとりのある、他社の物件にはない雰囲気を演出したことです。

高い総工事費をかけずとも、ちょっとした工夫を数々凝らしたおかげで、完成から数十年経ちますが、未だに高い稼働率を確保できていると聞いております。

また、マンション一般に当てはまることですが、１階は防犯上やプライバシーの観点から住居としてはあまり人気がありません。逆に店舗などは１階が一番人気です。

そういったニーズを考慮し、１階は店舗、２階以上を賃

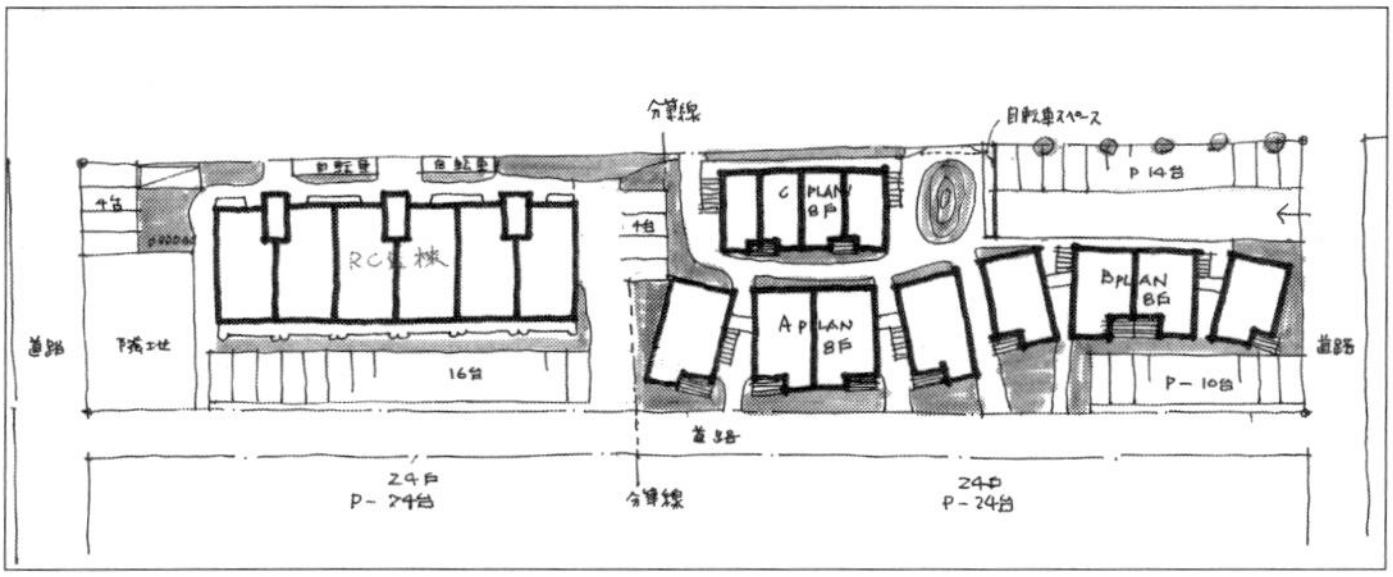

“うなぎの寝床”のような敷地に建てたデザイナーズマンションのスケッチ

貸マンションに、また1階を老人介護デイサービス、2階以上を賃貸マンションにした実例もあります。

注意していただきたいのは、デザイン性を重視することはもちろんですが、住居目的の賃貸マンションと、店舗や福祉施設などでは用途が異なるため、それぞれ法的にも、賃料の考え方などにも違いがあることです。

そのあたりをしっかり検討しておかないと、将来思わぬ苦戦を強いられる可能性が生じます。

設計事務所は、建築の法規についてはもちろん専門家ですが、他の分野は不得意です。不動産鑑定士、税理士、ファイナンシャルプランナーなどを加えて、総合的に検討することをお勧めします。

1階を店舗、2階以上をデザイナーズ賃貸マンションにした物件のスケッチ

7-3 障害者を街の中心に。新たな交流の場づくり（たけし文化センター連尺町）

前にも述べました通り、私には美大を卒業した二人の姉がいます。

一時期、長女は家業を手伝っていたこともありますが、結婚を機に独立し、子どもを育てながら芸術活動を行っていました。

そんな折、障害を抱えた子どもが生まれたことをきっかけに、「クリエイティブサポートレッツ」というＮＰＯ法人を立ち上げました。

「クリエイティブサポートレッツ」は障害者、健常者が、さまざまな表現活動やアート活動に取り組めるための事業を行うＮＰＯ法人です。

同法人が運営する施設の一つ、「たけし文化センター連尺町」は浜松駅前に広がる中心市街地の一角に立地します。

ここでは、日々たくさんの奇想天外なアート作品が生み出されます。

誤解を恐れずに言えば、知的障害を持った方々の創造性には計り知れない可能性があり、オリジナリティ溢れる表現で人々を刺激するのです。スタッフも全員がアーティストです。

実は、このような形で障害者が街に出たり、人前で活動したりすることは全国的にも希有な例です。その社会的意義および公共性は高く評価され、「たけし文化センター連尺町」の建設時には日本財団から4分の3の助成金を受け取ることができました。

また、同法人の理事を務める姉は、平成29年度（第68回）芸術選奨文部科学大臣新人賞を受賞しています。その姉から私は「たけし文化センター連尺町」の設計を依頼されたのです。

この「たけし文化センター連尺町」は、「集える場所」というコンセプトから、1階が喫茶店、2階が音楽室、3階がシェアハウス兼障害者のグループホームという造りになっています。

障害者の方が利用する、ということで、安全性には最大の注意を払いました。

階段から落ちないように、触ったところで怪我をしないように、5メートルの天井から物が落下しないように……などなどです。

内装やインテリアは地元の若手建築家やクリエイターにお願いし、地域一丸となって建設に取り組みました。

そんな社会的意義のあるプロジェクトに参加できて光栄な一方で、身内ならではの無茶振りに散々振り回されることになったのです。

　実弟相手だからと、姉の注文は朝・夕で何度も変わることがありました。これでもかと出された要望は、数百件にも及びます。

　そのため、工期は予定より４カ月も超過しました。妥協を許さない姉らしい依頼ではありましたが、お陰で施主満足度１５０％の建物が完成したのです。

「たけし文化センター連尺町」の外観

「たけし文化センター連尺町」のエントランス

7-4 法人の立ち上げまでお手伝いした特別養護老人ホーム（有度の里）

建物を作りたいという夢が、奇跡の連続によって形になることがあります。

特別養護老人ホーム「有度《うど》の里」は、数々の試練を奇跡的に乗り越え、現在では静岡県を代表する介護施設にまで発展しました。

「有度の里」の設立者である理事長の栗田さんは、もともと静岡市で洋服屋を営んでおられました。メンズ・レディース両方を取り扱う、ビッグサイズのカジュアルウェアを販売するお店です。

栗田さんには、ご自身のお祖父《じい》様の介護で苦労された経験がありました。そのため、所有している土地を生かし、将来は介護事業をやりたいと考えていたのです。

そして、長年の夢を叶える準備が整い、特別養護老人ホームの設計を依頼するために、私の事務所にいらっしゃいました。

栗田さんが所有する土地は旧清水市にあったのですが、清水市として最後の特別養護老人ホームの建設となるため、市が多大なる補助金を出すという約束をしてくれたのです。

しかし、ここで一つ問題がありました。

それは旧清水市が静岡市に合併されることがその当時、すでに決定していたことから生じた問題です。

「今期の3月31日までに建物が完成していないと、補助金が下りないよ」

市からはそのように言われました。


締め切りは目前。ダッシュで駆け込まなくてはならない状況の中、さらに大きな問題が発生しました。

特別養護老人ホームを運営するには社会福祉法人を立ち上げる必要があったのですが、栗田さん自身も、なにしろ初めての経験のため、大変苦労されておられました。

幸い私には、不動産ディベロッパーで働いた経験と、ファイナンシャルプランナーの資格がありました。

私は即座に約款、事業収支計画書など、法人設立のために必要な書類の作成からコンサルティングを行いました。

たまたま私が資格を持っていたことが幸いしただけではありますが、このような形でお手伝いできたことも、今では良き思い出です。

設計も、もちろん手抜かりなく行いました。運営しやすい構造、県産材の木を使用した温かみある空間づくりなど、地域社会と介護施設ならではのニーズを共に満たすため、尽力しました。

奇跡的に補助金の申請に間に合わせることができ、建物が完成した翌月に、旧清水市は静岡市として新たなスタートを切ったのです。

その後、厚生労働省のテコ入れもあって、老人介護系施設のみならず、障害者施設や保育園のニーズも高まりました。「有度の里」はその時流に乗ることができたのです。

完成後、栗田さんから「高木さんとは長い付き合いになりそうだ」とおっしゃっていただいた通り、その後、６棟の追加注文もすべて私が設計を担当させてもらいました。

「施主の力になりたい」その思いだけで建築家の領域を超えたお手伝いをほんの少ししただけですが、そうした気持ちが信頼に結びつき、のちの仕事にもつながったのでしょう。

「有度の里」のパース図

「有度の里 雅笑」のパース図

7-5 保育園と障害児通園施設が合体した複合施設（ガゼルの森）

第3章の冒頭で書きましたように、どんな建物の設計であっても、見えない「ゆとり空間」をまずデザインすること。それが弊社の設計哲学です。

そのゆとり空間を中心に、主の空間、従の空間を決めていきます。

空間をそのように利用する考え方が根底にあると、一つの施設の中で通常では物理的に「棲み分け」を余儀なくされるはずの利用者が、同じ空間をシェアすることにもつながります。

静岡県藤枝市の社会福祉法人「ハルモニア」が運営する「ガゼルの森」は、児童発達支援センター（障害児通園施設）と保育園の複合施設です。

「せっかく一緒にやるのだから、双方の子どもたちが集える場所をうまく機能させる設計にしてほしい」

初めてお会いしたハルモニアの理事長がそのようにおっしゃったことを、今でも昨日のことのように覚えています。

このような案件こそ、建築設計事務所の腕の見せどころです。

健常児と障害児が垣根なくコミュニケーションできることを第一の目的としつつ、最低限の分離を取り入れた設計を開始しました。

まずは「分離から共生へ」というコンセプトに添うよう、エントランスは1カ所とし、交流のための多目的スペースを設けました。

また、集いの場にふさわしいデザインとして、曲線を多用しました。ほかにも天井を高くして開放感を出すことや、子ども好みの明るい色使いにすることなど、利用者の気持ちに寄り添う工夫を随所に取り入れています。

この建築の特徴は、なんといっても施設の壁面に設置した大きな円《まる》い窓です。調和、温和、融合、慈愛……そんな施設のイメージを意識し、利用者や住民に愛される洗練されたシンボルに仕上げました。

保育園等では「ガゼルの森の歌」が生まれ、現在は園歌として歌われています。ガゼルというのは二本の角を持つ鹿に似た動物です。この動物は、縄張り争いが起きたとしても、お互いを傷つけ合うことがないという珍しい特徴を持っています。ガゼルの森は、互いを尊重する動物たちの集う森、という意味です。「ガゼルの森」で育った子どもたちは、きっと思いやりあふれる大人に成長していくことでしょう。

このように、人の心を豊かにする空間デザインは、これまで物理的な空間で仕切られていた人と人との距離を縮めることができるのではないか、と私は思います。

「ガゼルの森」のシンボル、大きな円い窓

「ガゼルの森」の全景

7

6　夫婦二人、老後を快適に暮らす家（はんなりの家）

良い建築家は、施主にとっての「いい住まい」を貪欲に追求します。

「いい住まい」とは、時代の最先端をいく格好いい家や自己主張の強い豪華な家などではありません。住む人にとって何一つ不具合がなく、訪れたお客様もつい長居をしてしまい、そして帰宅後もなんとなく余韻が残る家、だと私は考えます。

そのような「いい住まい」を作るために、施主の趣味、価値観といったニーズを聞き出したうえで、住む人と調和する家を仕上げるのです。

このように、本当に求められているのは、「居住者にとって心身ともに快適だと感じられ、安心して末永く住める家」ではないでしょうか。

建築家のポリシーで「自分の作品を作る」といった考え方など、住居建築においてはもってのほかです。

「はんなりの家」は粋なご夫婦が老後を暮らすためのお屋敷です。

「はんなり」とは京都地方でよく使う言葉です。上品で華やかな様子、ぱっと明るいさまを表す言葉で、料理などについても「はんなりとした味」と表現することがあります。

施主であるご主人は、明治17年創業の仕立屋のオーナーです。奥様共々上品でおしゃれで、まさに「はんなり」。当時のお二人の住まいも格調高く「はんなり」そのものでした。

そんなご夫婦にふさわしいお屋敷を設計する際は、「住まいと住まい手がゆるぎなく調和すること」をコンセプトにしました。

もともとのお二人のお住まいは、鷹匠《たかじょう》という歴史ある高級住宅地に佇む数寄屋《すきや》住宅でした。奥様が茶道の趣味をお持ちであることから、炉を切った茶室や水屋などが設けられていました。

「はんなりの家」でも、そんな数寄屋住宅の特徴である、ゆるい勾配の屋根を取り入れ、お二人にとって愛着の感じられる外観に仕上げました。

また、ご主人も奥様も、今後の人生は趣味を存分に楽しみたいというお考えでした。

ご主人はオーディオやピアノ演奏、庭いじりが趣味で、奥様は料理、茶道を好みます。

そうした要望から、グランドピアノの置ける広いリビング、複数の暖炉、シアター、庭、そしてバリアフリーと、ご予算の範囲内で、できる限りご要望にお応えしました。お二人とも美しく豊かな「いい住まい」に、大変満足されたようです。

家は一生の買い物、と言いますが、人生のどの時点で購入するとしても、自分の歩んできた道を先々も大切にしてゆける住居こそ、最高の住居であるといえるでしょう。

「はんなりの家」の中庭

庭から見た外観全景

7 画家が作ったアトリエのある家（初田邸）

クリエイティブな趣味を持つ人であれば、自宅をアトリエやスタジオにする夢を一度は描いたことがあるのではないでしょうか。

私の建築設計事務所には、定年後に作家活動を行うため、自宅をアトリエに改装したいというお客様がいらっしゃいます。

兵庫県にお住まいの初田さんは、母の同級生であり、もともと灘高校の美術教師をしていらっしゃった方でした。

定年後「秘密基地」、つまり住宅アトリエを持ちたい、ということで、相談に来られたのです。


かねてより、私の住む「高木邸」にインスパイアされていたため、似たような打ちっ放しコンクリートの建物を希望されました。

初田さんはいたってシンプルな油絵作品を描く方です。

打ちっ放しコンクリートは、そんな彼にとって、共感を呼ぶデザインだったのでしょう。

その他のご要望としては、屋上にはテラスを設置すること、円筒形の階段室を設置し、その内部にらせん階段を収めること、そして天井までの全面ガラス窓を作ること、などがありました。

芸術家らしいこれらのアイデアを実現するため、私は設計上の提案を数多く行いました。それらの提案はすべてスムーズに受け入れていただき、工事は順調に進んでいきました。

やはり、このような芸術家肌の方こそ、建築家に依頼するのが正解でした。

結局、芸術家は芸術家同士のほうが話が早いのです。

「初田邸」は無事完成し、人々の視線を釘付けにするシンボリックな建物ができ上がりました。

実はその後、面白いことが起きたのです。

初田さんは以前と比較して、作品づくりのスピードが明らかに上がったそうです。作品数も着々と増えていきました。

「良い建物が良いものを作る」

これは芸術作品に限ったことではなく、「良い建物は良い人間を作る」、あるいは「良い建物は良い人生を作る」ともいえるはずです。

私はいつ、いかなるときも、お客様に人生をクリエイトするエネルギーを提供できる建築家でありたいと思います。

「初田邸」のアトリエ

コンクリート打ちっ放しの外観

7/8 なぜお寺が映画館を作ったのか？（サールナートホール）

寺カフェ、お寺婚活、御朱印ガール……。「今、お寺が熱い！」といわれるように、これら神社仏閣に関するアクティビティが若者を中心に人気を博しています。

１９９５年のことです。そんなブームを予見するかのように、「サールナートホール」は建設されました。

ここは静岡駅北口から徒歩５分の位置に立地する臨済宗宝泰寺の檀信徒会館ですが、なんと内部に、常設映画館「静岡シネ・ギャラリー」が併設されています。

「サールナート」とはインドに実在する地名で、ここで釈迦尊は最初の説法を行いました。つまり、仏教発祥の地というわけです。

私の両親は建築を手がけるにあたり、実際にインドまでその地を見に行きました。

建築主である宝泰寺の住職さんは、世のため人のためになる行いをしたい、と真剣に考えておられる方。そこでこの会館を建設するにあたっては、三つの指針を示されました。

一つ目は、文化の薫りの少ない静岡市において、市民自らの手で文化を育み、情報発信できる基地を作りたい、ということ。

二つ目は、経済的価値ばかりが追い求められる現代において、生命の尊さや人間の生きる本質について改めて振り返ることのできる神聖な場を設けたい、ということ。

三つ目は、釈迦尊が仏教の礎を築いた原動力と、静岡の文化を開拓する精神を共通するものと捉え、会館を「サールナート」と名づけるとともに、インドのサールナートに実在する仏塔のイメージを表現したい、とのこと。


住職の高遠な理想を形にし、社会貢献に役立ちたい。そんな想いを抱いた両親は、「サールナートホール」の設計にあたり、「対立するものの融合」というデザインコンセプトを打ち出しました。

例えば、「歴史と現代」、「直線と曲線」、「光と陰」などを造形で表現するということです。

建築様式とは、さまざまな文化的要素の統廃合により、新しい形が生み出されてゆくもの。インドで生まれた石造りの仏教寺院が、中国を経由して、木造建築の伝統を持つ日本の寺の姿に変容するまでの過程には、「対立するものの融合」が発生しています。

それを建築設計デザインでコンセプチュアルに表現しようと試みたわけです。

ご要望のあったサールナートの仏塔についても、外壁材に特注の日干しレンガ風タイルをあしらった円筒形の建物で表現しました。
現代的な日本の建築デザインにインド古来の風土、民俗が想起される形を取り入れたため、このような外観となったのです。

実は、建物が完成してから数年後に、この「サールナートホール」の映画館は盛況となりました。

ここではハリウッド的な大衆好みの映画ではなく、哲学性を追求した映画が上映されます。コアな映画ファンの心をがっちり掴み、会員になる方が増えつづけたのです。

異国情緒ある厳かな雰囲気の建物で、洗練された芸術作品を鑑賞する……。心が洗われるような気分になることは間違いなく、市民の憩いの場として愛されつづけています。

「サールナートホール」の外観

7-9　建物と都市空間の相関性（株式会社クレディア）

空間美をデザインすることは、私の最も得意とするところです。シンボルを描きながら同時に調和を図ること。相容れない二つの造形を絶妙に融合させること。何気なく配置されたように見えるものにも、必ずそこに置かれた意味があります。このような私の特技は、時折コンペなどでお客様の目に留めていただくことがあります。

金融サービスを提供する株式会社クレディアの本社ビルは、静岡駅南口に位置します。コンペで私の会社のデザインを気に入ってくださったクレディアの社長さんから、ありがたいことに、本社ビル建て替えのお話をいただきました。

「シンボル的なものにして欲しい」

そのようなご要望があり、ビルは凱旋門をイメージした形となりました。

実は、シンボル的な建造物というのは、ただ目立てば良いというわけではありません。目立つぶんだけ、より美しく存在することが求められます。

当ビルの建設がなされた90年代後半、静岡駅南口側はようやく近代的な都市に生まれ変わろうとしていました。その流れに合わせ、できる限りスタイリッシュかつ洗練された未来的なデザインを随所に取り入れています。

例えば、眺めの良い社員食堂にはバルコニーが設置されています。ここは日本庭園風に演出し、石畳の脇に緑をあしらいました。

これだけでは普通の癒し空間ですが、実はこの場所には、ある「作品」が存在します。それはステンレス素材を竹風にアレンジしたオブジェです。

癒しを感じてもらうための日本庭園に、近未来をイメージさせるシャープな造形を取り込み、飽きの来ない空間づくりを狙いました。

また、このステンレス竹は雨樋《あまどい》の役割も果たします。

機能、美、心。その三つを融合させた作品こそ、現代人の求めるアートだと私は考えます。

ほかにもこのビルにはさまざまな「アート作品」があります。

入り口にはイタリアで活動しておられる静岡県富士宮市出身の彫刻家・御宿《みしく》至さんのオブジェを配置しました。現在、このオブジェは静岡市民文化会館前に置かれています。

また、エントランス2階の壁面に施された鏡のアートは、私の母の作品です。無機質な素材の塊であるオフィスビル。そこにいかに魂を吹き込み、環境と調和させるか。建築設計事務所の勝負どころです。

「クレディア本社ビル」外観

バルコニーのステンレス竹オブジェ

7/10

郊外でも流行るお店づくり（千代田吉野鮨、みなと家、みはる）

車でふらりと出かけて、「さあ、何か食べよう」というとき、特に下調べをしたわけではないのに何となくそのお店に惹かれて入ってしまう、ということはありませんか？

あるいは、少し不便な場所にもかかわらず、再び足を運びたくなる、そんなお気に入りのお店を見つけると、自分だけの秘密基地を見つけたような、何ともいえない優越感が芽生えることがありますよね。

では、流行《はや》る郊外型の店舗には、一体どんな秘密が隠されているのでしょうか。

私の建築設計事務所が郊外型店舗を手がける際は、次のような点を重視しています。

まずは駐車場、店舗、看板の配置です。

車の出入りが困難であったり、店舗が奥まっていてよくわからなかったり、看板がギラギラして店の雰囲気と合っていないなどは最悪の設計です。

運転中でも目を惹いて、わずか0・1秒の判断で「入りやすい」と感じてもらう看板や外観を設計する必要があるからです。

次に、雰囲気の演出にこだわります。

多くのお客様に好まれるのは、「高級感がありながら敷居が高くない」と感じられるお店です。

そのような雰囲気を出すには、設計上「間」の取り方を工夫します。

ドアを開けたらすぐ飲食スペース、というのではなく、風除室や待合室、あるいはクランクのある廊下などを設置します。

席に通されるまでの間にほんの少し歩く空間があるだけで、お客様は「導かれている」、つまり「もてなされている」と感じるのです。

これが、ワンランク上のお店を連想させる設計というものです。

同時に、庶民的な雰囲気づくりにも「間」が大切です。

静岡市葵区に位置する「千代田吉野鮨」は価格帯としては高級なお店です。

しかし、料亭のように閉鎖的な雰囲気ではなく、あくまで開放感ある空間づくりを意識して設計されています。

鮨職人とお客様の距離が近い、白木の一枚板で作られたカウンターがその代表です。

ここでは、常連客がさらにお客様を連れてくる、お客様が大将の弟子にプレゼントを贈る、といった光景が日常的に見られ、和気あいあいとした社交場として地元民に親しまれています。

一方、焼津市の「みなと家」、御前崎市の「みはる」は、地域密着型の居酒屋です。両店舗とも海を一望できるロケーションにあり、庶民的でありながらも、贅沢な時間を過ごすことができます。

これらの店については、地元の人が普段着で行けるような、よりカジュアルな設計を意識しました。

1階はカウンター席や、テーブル席、個室などのある、いわゆる一般的な飲食店の造作です。

2階は、宴会場として使用できる大広間ですが、こちらは間仕切り壁で部屋の大小を調節でき、宴会の規模に合わせたフレキシブルな空間づくりが可能となっています。

「みなと家」も「みはる」も、地元の人が気楽に集える場所として、長年愛されつづけています。

店舗イメージのパース図例

「お客様のお客様」を第一に考えた建物を建てること。それが建築設計デザイン事務所の使命だと私は考えます。

「千代田吉野鮨」のパース図

「みはる」外観

「みなと家」外観

あとがき　――あなたが理想の家を手に入れるために

私が建築家になって、今年で22年を迎えます。

その間、規模の大小を問わず、たくさんの建物の設計に携わらせていただくと同時に、数多くの方との出会いに恵まれてきました。

人と関わり、相手の方の人生を垣間見る中でいつも思うのが、「人の暮らしには、建物が欠かせない」ということです。

どの方の人生にも、必ず建物は存在しています。

言い換えれば、私はどんな方の人生にも関わることができ、お手伝いができる職業に就いているということです。改めて、とてもありがたい職業だと自負しております。

建築家になったのは、生まれ育った環境に恵まれていたことが、何よりも大きかったのかもしれません。

実家がショールームも兼ねていたため、30年間で10回もリフォームを繰り返しました。

回数を重ねるごとに大幅なモデルチェンジや改善が図られ、次第に私自身も設計に携わるようになり、実際に暮らすことで、いつしか理想の人生を追求していたのだと思います。

家づくりとは、理想の人生を具現化できる一つの方法です。

ぜひみなさんも、家づくりを通して理想の人生を追求していただきたい、そんな気持ちでいっぱいです。

家を建てるにあたって、ぜひあなたの夢を聞かせてください。人生の夢なら、誰でも自分の言葉で語れるものです。

建築家相手に構える必要はありません。気軽に頼られる建築家を、私は目指しています。


最後になりますが、弊社の創業から55年の長きにわたって、ご縁をいただいた施主の皆さま、お取引先の皆さま、そしていつも私を支えてくれる弊社のスタッフに深く感謝申し上げます。

また、本書の刊行に際してご尽力いただきました天才工場の吉田浩様、潮凪洋介様、佐藤文子様、そして版元であるワニ・プラスの佐藤俊彦社長、宮﨑洋一編集長に、この場をお借りして厚く御礼申し上げます。

２０１９年5月吉日

高木一滋

高木一滋（たかぎ・かずしげ）

株式会社高木滋生建築設計事務所・代表取締役。
1966年、東京都生まれ。建築家の父と画家の母のもとに生まれ、二人の姉も美大卒（東京芸術大学大学院・武蔵野美術大学）という芸術家一家に育つ。日本大学理工学部・交通土木学科卒業後、株式会社マルコーを経て、父が経営する株式会社高木滋生建築設計事務所に入社。親子２代で地元・静岡密着型の建築設計事務所を営み、創業55年を迎える。これまでに商業施設、文化施設、個人住宅ほか約600件の実績があり、芸術的センスを活かした、世界に一つのオリジナル建築物を「オーダーメイド建築商品」として提供。「1000万円得するオーダーメイド建築」の普及を目標に活動している。日本で初めての「お金（ＦＰ）、建築（建築士）、不動産（宅建）」の国家資格取得者であり、静岡大学の非常勤講師も務める。

高木一滋LINE
公式アカウント
QRコード

読者特典・無料
レポートお送り
します

地元の建築家と工務店で建てる
1000万円㊢する家づくり

2019年6月10日　初版発行　　2020年1月10日　2刷発行

著　者　高木一滋

発行者　佐藤俊彦
発行所　株式会社ワニ・プラス
〒150-8482　東京都渋谷区恵比寿4－4－9　えびす大黒ビル7F
電話　03-5449-2171（編集）

発売元　株式会社ワニブックス
〒150-8482　東京都渋谷区恵比寿4－4－9えびす大黒ビル
電話　03-5449-2711（代表）

ブックデザイン　柏原宗績
出版プロデュース　天才工場・吉田浩
編集協力　潮凪洋介／佐藤文子／加藤寿芙
印刷・製本所　シナノ書籍印刷株式会社

ISBN 978-4-8470-9803-1
ワニブックスHP　https://www.wani.co.jp